高等院校财经类规划教材

# 会计综合模拟实训

KUAIJI ZONGHE MONI SHIXUN

（第三版）

詹二妹 主编

立信会计出版社
LIXIN ACCOUNTING PUBLISHING HOUSE

**图书在版编目(CIP)数据**

会计综合模拟实训／詹二妹主编．—3版．—上海：
立信会计出版社，2018.8
ISBN 978-7-5429-5900-3

Ⅰ．①会…　Ⅱ．①詹…　Ⅲ．①会计学　Ⅳ．①F230

中国版本图书馆CIP数据核字(2018)第192399号

策划编辑　黄成艮
责任编辑　黄成艮

**会计综合模拟实训(第三版)**
**Kuaiji Zonghe Moni Shixun**

| | | | |
|---|---|---|---|
| 出版发行 | 立信会计出版社 | | |
| 地　　址 | 上海市中山西路2230号 | 邮政编码 | 200235 |
| 电　　话 | (021)64411389 | 传　　真 | (021)64411325 |
| 网　　址 | www.lixinaph.com | 电子邮箱 | lxaph@sh163.net |
| 网上书店 | www.shlx.net | 电　　话 | (021)64411071 |
| 经　　销 | 各地新华书店 | | |

| | |
|---|---|
| 印　　刷 | 上海万卷印刷股份有限公司 |
| 开　　本 | 787毫米×1 092毫米　1/16 |
| 印　　张 | 16.5 |
| 字　　数 | 389千字 |
| 版　　次 | 2018年8月第3版 |
| 印　　次 | 2018年8月第1次 |
| 印　　数 | 1—3 100 |
| 书　　号 | ISBN 978-7-5429-5900-3/F |
| 定　　价 | 40.00元 |

# 编写说明

为了适应新时期对应用型人才的需要和培养从事会计职业应达到的专业能力，使会计理论教学与实践教学相结合，培养学生的专业素质和动手能力，缩短乃至消除学生走上工作岗位后的适应期，我们依据财政部颁布的《会计法》《企业会计制度》《企业会计准则》以及最新出台的税收制度及银行结算制度等，编写了这本《会计综合模拟实训》教程。

本教材选择一家生产经营环节齐全、核算完整的汽车配件生产企业作为会计主体，模拟企业的产品为捷达标准款汽车活塞(活塞 Jetta)、桑塔纳标准款汽车活塞(活塞 Santana)、赛欧标准款汽车活塞(活塞 Sail)，内容素材贴近实际，学生容易理解，真实性强，可以激发学生实验的兴趣。在会计事项设计上，按照一个完整月份(12 月)的经济活动，提炼了汽车配件生产企业具有典型代表的 125 笔经济业务，这些经济业务既包括了平时发生的经济业务，又包括了年末结账所发生的经济业务，涵盖了一名会计人员应知应会的基本业务内容。学生可以借助于仿真性较强的原始凭证、记账凭证、会计账簿和会计报表，对经济业务和会计部门各岗位的工作进行一次全面、系统的操作和演练。通过仿真模拟实训，有利于学生树立会计规范化的概念，提高学生实际操作技能和从事本专业的实际工作能力。

本教程主要包括六个部分：第一部分总论；第二部分模拟企业概况；第三部分会计综合模拟实训要求；第四部分会计综合模拟实训操作规范；第五部分期初模拟资料；第六部分本月模拟资料。

本教材适用于高等院校财经专业，特别是对应用型高等院校会计学专业、财务管理专业、审计学专业及其他相关专业的会计综合实训，也可以作为会计人员岗前培训和在职人员继续教育的实例教学，还可作为广大读者自学会计实务的工具书。

为了方便教学，本教材提供参考答案，任课教师可发 E-mail 至 chenggen765

@163.com 索取。

本教材是编写人员密切合作的结果。在编写过程中,编写者对编写大纲和经济业务的设计进行了多次的探讨,并进行了大量的调研。本教材由詹二妹任主编,负责教材整体设计、修改及总纂,编写了第四、第五部分;杨少杰、刘守亚任副主编,其中杨少杰编写了第一、第三及第六部分,刘守亚编写了第二部分并负责审稿工作。另外,本教程的编写还得到了福州泰维克汽车配件有限公司总会计师陈丽宁、福建亿能达信息技术股份有限公司詹光威高级会计师等多位同志的大力支持和协助,在此一并表示致谢。

编　者

2018 年 12 月

# 目　　录

# 第一部分 总 论

## 一、会计综合模拟实训的目的

会计是一门是实践性很强的学科，会计专业又是应用型专业，高职会计专业培养的是实用型人才，所以，要特别注重学生动手能力的培养。会计综合模拟实训就是从实践教学出发，以模拟企业"福州安达汽车配件有限公司"为背景，以典型经济业务为主线，全部以原始凭证的形式给出模拟企业12月份发生的各种经济业务，让学生通过对模拟企业所发生经济业务的会计处理，认识企业生产经营活动中所涉及的各种原始凭证，并了解它们之间的关系，提高识别和审核原始凭证的能力；通过编制记账凭证、登记账簿、成本计算、财产清查、编制会计报表等熟悉会计处理程序和方法；掌握会计核算全过程。同时，通过会计综合模拟实训还可以培养学生分工协作的意识，熟悉会计工作岗位之间的业务传递流程，加深对会计工作、会计职业的认识，帮助学生实现理论知识向实践技能的转化，为学生将来尽快胜任会计本职工作打下坚实的基础。

## 二、会计综合模拟实训的特点

为了达到高等职业教育会计职业培养目标，适应新时期对实用新型人才的需求，以提高学生实际操作技能和从事会计专业的实际工作能力为出发点，缩短理论到实践的距离，本模拟教材主要突出了以下几个方面的特点。

（一）新颖性。会计工作的内容、方式、手段会随着经济形势、会计准则制度、税收法律法规的变化而发生变化，本教材均是按照会计准则制度、税收法律法规的最新规定和最新的银行结算制度设计经济业务，进行会计处理，充分体现了会计改革和税制改革的基本精神。

（二）仿真性。本教材以汽车配件生产企业的真实素材为模拟对象，按企业实际工作中日常经济业务发生的先后顺序编排，相关数据衔接连贯；经济业务所使用的各种外来或自制原始凭证均采用实际工作中真实的票据样式，各种印章及戳记等也与企业实际所使用的相一致，真实性极强，使学生有一种置身实际工作岗位的感觉。

（三）操作性。本教程对费用归集、分配和成本计算的方法和要求，纳税申报和社会保险费的计算等有关规定作了详细说明，并附有各种由会计人员填制的原始凭证和计算用的表格，对重点、难点采用学生容易理解和操作的方式进行模拟，使整个实训过程易于操作。

（四）全面性。本教材提炼了汽车配件生产企业具有典型代表的125笔经济业务，内容新，业务全，涵盖了一名会计人员应知应会的基本业务内容，涉及资金、往来、工资薪金、收入、费用、利润、成本计算及涉税业务等。实训内容全面涵盖原始凭证的识别和审核、记账凭证的编制、成本计算、财务清查、登记账簿、结账、对账和编制会计报表等一系列会计基本技能和方法，并要求会计处理按规范进行，实训内容系统、全面。

# 第二部分 模拟企业概况

## 一、模拟企业基本信息

福州安达汽车配件有限公司是一家从事汽车配件生产的企业，注册资金800万元。现有公司员工138人。公司的权力机构为股东会，公司设立董事会对股东会负责，董事长陈高明。公司总经理对董事会负责，总经理由董事长兼任，公司基本信息如下：

公司名称：福州安达汽车配件有限公司

公司地址：福州市仓山区朝阳路666号

联系电话：0591-33856611

开户银行：中国工商银行南山支行

银行账号：789091245008004

税务登记号：350101768172805

## 二、模拟企业注册资金及股本构成

（一）模拟企业注册资金：800万元。

（二）模拟企业股本构成如表2-1所示。

表2-1

模拟企业股本构成一览表

| 股东名称 | 持股比例 |
|---|---|
| 福建汽车工业集团公司 | 40% |
| 福州利佳工贸公司 | 35% |
| 陈高明 | 15% |
| 林力 | 10% |

## 三、生产经营组织

该公司是专为有关汽车厂家配套生产各种活塞的汽车配件生产企业，产品有80多个品种规格的活塞，为教学需要，本教材只选择其中的3个品种，即捷达标准款汽车活塞（活塞Jetta）、桑塔纳标准款汽车活塞（活塞Santana）、赛欧标准款汽车活塞（活塞Sail）。

该公司属于连续式多步骤生产的企业，生产过程分为铸造和加工两大步骤，因此，企业设两个基本生产车间，即铸造车间和加工车间。企业还设有机修车间和车队两个辅助生产车间，其中机修车间负责全公司的机器设备维修，车队为全公司提供运输服务。公司另设有专门销售机构、办公室及财务部等行政管理部门。

## 四、会计工作组织

该厂设有总会计师，由陈宏江(高级会计师)担任，由总会计师领导下的该厂财务部配备会计人员4人，财会人员的配备及分工如下。

陈宏江:总会计师，全面负责财务部工作，制定本公司财务制度，负责公司资金调度，审查公司财务计划执行情况。

林丽:财务经理，负责会计稽核和总账报表核算，包括审核会计凭证、登记总账和编制会计报表。

林玉平:负责工资薪金、收入、费用、利润及涉税业务的核算，包括填制相关会计凭证及相关明细账的登记。

李玲:负责资产物资、资金、往来及成本的核算，包括填制相关会计凭证、成本计算及相关明细账的登记。

陈小艺:负责出纳核算。具体包括办理现金和银行存款收付业务，负责票据和有价证券保管工作，登记库存现金和银行存款日记账。

另外，材料仓库管理员林小燕，产成品仓库管理员林红，分别对相关存货的数量账根据出入库单进行逐笔登记，月末与会计对账。

# 第三部分　会计综合模拟实训要求

## 一、模拟企业会计核算管理制度

（一）会计核算以人民币为记账本位币，采用借贷记账法记账。

（二）交易性金融资产按公允价值计量，购入、出售交易性金融资产均在“银行存款”账户中核算。期末，按单项交易性金融资产计算并将其公允价值的变动计入当期损益。

（三）存货（原材料、周转材料、库存商品），按实际成本计价。

1. 原材料的核算。“原材料”总账下设“原主材料”“辅助材料”“燃料”“包装材料”二级明细账。

2. 周转材料的核算。“周转材料”按“低值易耗品”“包装物”设置二级明细账。

低值易耗品领用采用一次摊销法。包装物在生产过程中领用，计入生产成本。

3. 存货发出的核算。发出存货成本采用全月一次加权平均法计算。月末，财务部门对全月的存货出库单进行汇总，编制“发料凭证汇总表”，采用全月一次加权平均法计算发出存货的平均单价及发出存货的成本。相关存货的数量账则由仓库管理员日常根据出入库单进行逐笔登记，月末与会计进行对账。

4. 每个月末要对各种库存存货进行实地盘点。对于盘盈盘亏的存货，由董事会批准后进行账务处理。

5. 期末，存货按照成本与可变现净值孰低计量。按单项确认存货的可变现净值，对于可变现净值低于其成本的差额提取存货跌价准备。

（四）坏账准备采用“应收账款余额百分法”计提，计提比例为5‰。

（五）固定资产按平均年限法及分类折旧率计提折旧（固定资产的残值率为5%）。

（六）无形资产自取得当月起在预计使用年限内分期平均摊销，计入损益。

（七）职工薪酬

1. 职工薪酬的核算：在“应付职工薪酬”下设置“工资”“职工福利”“养老保险”“失业保险”“工伤保险”“生育保险”“住房公积金”“职工教育经费”“工会经费”等二级明细科目。一般薪酬在月末确认为负债，并根据职工提供服务的受益对象，分别记入相关资产成本或当期损益，并于下月初支付或发放。

2. 职工福利和职工教育经费的核算：按实际使用列支，本实训采用实际发生支出时记入“应付职工薪酬——职工福利”或“应付职工薪酬——职工教育经费”的借方，月末按当月实际发生金额转入当期损益。

3. 为职工交纳的养老保险、失业保险、工伤保险、医疗保险、生育保险、住房公积金按照应付工资总额的一定比例计算，本实训上述各项费用的计提基数和比例如下：

（1）基本养老保险的缴纳比例：企业缴纳18%，个人缴纳8%；分行业确定最低基数，本模拟企业最低基数为1 800（缴存基数在国家政策有变化时由社会保险管理中心重新调整核定)。

(2) 失业保险的缴纳比例:企业缴纳1%,个人缴纳0.5%;缴存基数与基本养老保险一致。

(3) 工伤保险的缴纳比例:企业缴纳0.5%;最低基数3 123.90元(缴存基数于每年6月由社会保险管理中心按前12个月的平均工资重新核定)。

(4) 生育保险的缴纳比例:企业缴纳0.5%;最低基数3 123.90元(缴存基数于每年6月由医疗保险管理中心按前12个月的平均工资重新核定)。

(5) 医疗保险的缴纳比例:企业缴纳8%,个人缴纳2%;最低基数3 644.55(缴存基数于每年6月由医疗保险管理中心按前12个月的平均工资重新核定)。

(6) 住房公积金的缴纳比例:目前的缴纳比例国家规定为8%～12%,本模拟企业选择单位和个人均按10%计算缴纳(缴存基数于每年的7月1日至15日由住房公积金管理中心按前12个月的平均工资重新核定);

4. 工会经费的核算:缴存基数与基本养老保险一致,企业按0.8%计提缴纳。

(八) 产品成本计算采用品种法,"生产成本"账户按如下设置:

"生产成本"总账下,按"基本生产成本""辅助生产成本"设置二级明细账,分别核算基本生产车间和辅助生产车间发生的各项生产费用。

(九) 基本生产车间生产费用的归集分配。

1. 在"生产成本——基本生产成本"二级明细账下,按活塞Jetta、活塞Santana、活塞Sail三种产品设置三级明细账,三种产品均按"直接材料""直接人工""制造费用"三个成本项目归集应负担的生产费用。

2. 基本生产车间发生的直接材料费用、直接人工费用按实际发生数直接计入产品成本。

3. 基本生产车间发生的各项间接费用先通过"制造费用"账户归集,"制造费用"账户按"铸造车间""加工车间"设置明细账,月末再将本月发生的间接生产费用按生产工时比例分配转入活塞Jetta、活塞Santana、活塞Sail三项产品成本中。

(十) 辅助生产车间生产费用的归集分配。在"生产成本——辅助生产成本"二级明细账下,按"车队""机修车间"设置三级明细账,不单独设置制造费用明细账,发生的各项费用在辅助生产费用三级明细账中归集,月末采用直接分配法按受益对象的受益量进行辅助生产费用分配。

(十一) 完工产品成本计算。采用约当产量法,将期初在产品成本和本月发生的生产费用合计数在期末在产品和完工产品之间进行分配,编制产品成本计算单。

(十二) 各项税费的缴纳。企业在福州市国家税务局和地方税务局缴纳税金,企业为增值税一般纳税人,增值税税率为16%,城市维护建设税税率为7%,教育费附加征收率为3%,地方教育费附加征收率为1%,印花税税率为0.03%,印花税以购销合同为计税金额,各种税费于月末计算,次月15日内缴纳;企业所得税税率为25%,企业所得税按年计算,分月预缴,月末计提,次月15日内预缴,年终汇算清缴,多退少补(假定企业1～11月份的所得税已计算上缴)。

(十三) 法定盈余公积金于年末一次提取,提取比例为净利润的10%。

(十四) 向投资者分配利润。应分配给投资者的利润按股东的出资比例和提取法定盈余公积金后剩余可供分配利润的40%于年末计算分配。

（十五）各种分配率、单价、单位成本保留六位小数，尾差在末项调整。

## 二、会计综合模拟实训的操作程序

（一）期初建账。根据第四部分的期初建账资料建立模拟企业12月初的总账、日记账和明细账。

（二）审核原始凭证。对外来或自制的原始凭证或原始凭证汇总表进行合法性、合规性、合理性审核。

（三）填制记账凭证。企业采用通用记账凭证，会计凭证按月连续编号；会计根据已审核无误的原始凭证填制记账凭证，然后在记账凭证的“制单”处签名或盖章；将已填制完成的记账凭证及所附原始凭证传递给负责记账凭证审核的会计主管。

（四）审核记账凭证。稽核会计接受制单会计转来的记账凭证及所附原始凭证，进行认真审核，经审核无误后，应在记账凭证的“审核”处签名或盖章，以示负责；将审核后的记账凭证，再传递给相关人员据以登记账簿。

（五）登记日记账。出纳根据与现金银行存款收付业务有关的记账凭证及所附原始凭证，登记“现金日记账”或“银行存款日记账”；登记日记账完成后，在记账凭证的“出纳”处签名或盖章。并按要求做到日清月结。

（六）登记明细账。相关会计人员根据记账凭证或原始凭证，逐笔登记所属明细分类账；完成登账工作后，在记账凭证的记账符号栏内打“√”，注明过账符号，并且在“记账”处签名或盖章。

（七）登记总账。模拟企业采用科目汇总表账务处理程序，记账凭证每10天汇总1次，编制科目汇总表，并根据科目汇总表登记总分类账。

（八）期末对账。分别对总账、明细账和日记账进行核对，并编制试算平衡表，检查是否相符。

（九）期末结账。记账人员分别对相关的总账、明细账和日记账进行期末结账工作。

（十）编制财务会计报告。由会计主管编制财务会计报告，包括资产负债表、利润表、现金流量表及所有者权益变动表等。

（十一）审核报表。编制完毕的会计报表送交总会计师进行审核。

（十二）档案管理。应将各种记账凭证，连同所附的原始凭证或原始凭证汇总表按编号顺序，折叠整齐，按照装订凭证的规定，加具封面，注明单位名称、年度、月份和起讫日期，按旬分订3册，并由装订人签名或盖章。制单会计和记账会计应将各种账页按不同格式（或类别）装订成册，附上账簿启用登记表。会计主管将全部会计报表附上会计报表封面，注明单位名称、年度、月份。所有会计档案应送交会计主管（审核员）审核，审核合格后，会计主管归档保管待上交。

## 三、会计综合模拟实训的操作要求

（一）严格按照现行的会计准则制度、税收法律法规和本模拟企业所规定的会计核算管理制度来进行会计处理。

（二）本实训的模拟形式可根据具体情况来决定，一是分组按岗位共同完成，此形式更接近实际，但学生不能掌握全面核算过程；二是由每个学生分别独立完成，此形式与实际工作岗位不符，但能使学生全面掌握核算过程。

（三）文字和数字要书写工整、清晰，而且一律要用蓝（黑）墨水书写，按规定用红字时，方可用红笔书写。如出现填写错误，要按照规定的方法进行更正。

（四）全部实训结束后，要求每人写出一份实训报告，主要总结在操作中的体会，并结合实训的内容提出实训课需要改进和注意的问题。

## 四、会计综合模拟实训的进度安排

实训一般安排在有关会计课程课堂教学任务完毕后进行，实验总时数约为 72 学时，大致可作如下分配：

（一）准备阶段（4 课时），主要工作如下：

1. 指导教师讲述实验的目的和意义，使学生对实训有一个正确的认识和积极的态度。

2. 介绍会计模拟企业的概况及模拟企业有关的会计核算制度。

3. 讲解会计实训的操作程序和要求，使学生熟悉和掌握在会计实训中所运用的理论和方法。

4. 说明实训的时间安排、成绩考核办法及实训所用的工具、凭证、账簿、报表等，让学生做好准备。

（二）实训阶段（56 课时），每位学员应在老师指导下，独立完成实验任务，完整地作出一份企业在 12 月份的会计凭证、账簿和财务报告。只能在涉及凭证、账簿、会计报表等的内容上需要 2 人以上签名处才能由其他同学签名，不能由几个人共同完成一套实验作业。

（三）整理小结阶段（12 课时）主要是对所填制的凭证、登记的账簿、编写的财务报告进行整理，并按要求装订成册，交教师评分。

## 五、会计综合模拟实训成绩评定标准

（一）对学生实验作业成绩评定，可按百分制评定：优秀（90 分以上）、良好（80～90 分）、中等（70～80 分）、及格（60～70 分）、不及格（60 分以下），其标准分数构成为：

1. 填制会计凭证（30 分）

2. 登记账簿（30 分）

3. 成本计算及损益计算（10 分）

4. 纳税申报（10 分）

5. 编制会计报表（10 分）

6. 会计档案整理及工作纪律（10 分）

（二）质量要求：书写工整正确、整理和装订符合规范要求，如有不正确之处，其扣分标准为：填制凭证按错填所占比例扣分；会计分录出错不给分；其他项目出错酌情扣分；账簿登记按出错账页次数所占全部账簿登记次数的比例扣分；登记出错或与会计凭证不符的不给分；登记不规范酌情扣分；各种计算表和会计报表出错不给分；其他项目出错酌情扣分。

## 六、会计综合模拟实训用材料

会计综合模拟实训用材料如表 3-1 所示。

表 3-1

**模拟实训用材料一览表**

| 名　称 | 单位 | 用量 | 名　称 | 单位 | 用量 |
|---|---|---|---|---|---|
| 通用记账凭证 | 页 | 130 | 多栏式明细账账页 | 页 | 6 |
| 总账账页 | 页 | 50 | 记账凭证汇总表 | 张 | 10 |
| 现金日记账账页 | 页 | 2 | 试算平衡表 | 张 | 2 |
| 银行存款日记账账页 | 页 | 3 | 账皮 | 副 | 5 |
| 三栏式明细账账页 | 页 | 75 | 凭证封面 | 套 | 3 |
| 数量金额式明细账账页 | 页 | 23 | 报表封面 | 套 | 1 |

# 第四部分　会计综合模拟实训操作规范

## 一、建账操作规范

建账，是指根据《中华人民共和国会计法》和国家统一会计制度的规定，以及企业具体行业要求和将来可能发生的会计业务情况，确定账簿种类、格式、内容及登记方法的活动。

企业建账的基本要点有：

(1) 按照需用的各种账簿的格式要求，预备各种账页，并将活页的账页用账夹装订成册。

(2) 在账簿扉页的"启用表"上，写明单位名称、账簿名称、册数、编号、起止页数、启用日期以及记账人员和会计主管人员姓名，并加盖名章和单位公章。记账人员或会计主管人员在本年度调动工作时，应注明交接日期、接办人员和监交人员姓名，并由交接双方签名或盖章，以明确经济责任。

(3) 按照会计科目表的顺序、名称，在总账账页上建立总账账户；并根据总账账户明细核算的要求，在各个所属明细账户上建立二级、三级、……明细账户。原有单位在年度开始建立各级账户的同时，应将上年账户余额结转过来。

(4) 启用订本式账簿，应从第一页起到最后一页止顺序编定号码，不得跳页、缺号；使用活页式账簿，应按账户顺序编本户页次号码。各账户编列号码后，应填"账户目录"，将账户名称页次登入目录内，并粘贴索引纸（账户标签），写明账户名称，以便检索。

## 二、原始凭证操作规范

原始凭证是在经济业务发生时取得或填制的，用来证明经济业务的发生，明确经济责任，并作为记账依据的书面文件。

(一) 原始凭证处理要点。填制和审核原始凭证，是会计核算工作的起点，原始凭证填制的正确与否，直接影响会计核算工作的质量。对原始凭证填制，总体而言必须做到记录真实、内容完整、书写清楚、填制及时。具体操作时，应把握以下原始凭证处理要点：

(1) 外来原始凭证，必须盖有填制单位的财务专用章或发票专用章，同时具有套印的税务部门或有权监制部门的专用章以及填制人员的签名或盖章；从个人取得的原始凭证，必须有填制人员的签名或者盖章，同时应写明住址，必要时应注明身份证号码。

(2) 自制原始凭证，必须有经办单位负责人（或其指定的人员）和经办人签名或者盖章。

(3) 凡需填写大写和小写金额的原始凭证,大写与小写金额必须相符。购买实物的原始凭证,必须有实物验收证明;支付款项的原始凭证,必须有收款单位和收款人的收款证明。

(4) 一式几联的原始凭证,应当注明各联的用途,只能以一联作为报销凭证,必须用双面复写纸(发票和收据本身具备复写纸功能的除外)套写,并连续编号。作废时应当加盖"作废"戳记,连同存根一起保存,不得撕毁。

(5) 发生销货退回的,除填制退货发票外,还必须有退货验收证明;退款时,必须取得对方的收款收据或者汇款银行的凭证以及当地主管税务机关开具的"进货退出或索取折让证明单",不得以退货发票代替收据。

(6) 职工因公借款的借据,必须附在记账凭证之后。收回借款时,应当另开收据或者退还借据副本,不得退还原借款收据。

(7) 经上级有关部门批准的经济业务,应当将批准文件作为原始凭证附件。如果批准文件需要单独归档的,应当在凭证上注明批准机关名称、日期和文件字号。

(8) 原始凭证发现错误或无法辨认的,不得涂改、挖补。未入账的原始凭证,应退回填制单位或填制人员补填或更正,更正处应当加盖开出单位的公章;发现有违反财经纪律和财会制度的,应拒绝受理,对弄虚作假、营私舞弊、伪造涂改等违法乱纪的,应扣留凭证,报告领导处理。已经入账的原始凭证,不能抽出,应另外以正确原始凭证进行更正。

(9) 原始凭证不得外借。其他单位如因特殊原因需要使用原始凭证时,经本单位领导批准,可以复制,复制时,须有财务人员在场。向外单位提供的原始凭证复制件,应在专设的登记簿上登记,并由提供人员和收取人共同签名或盖章。

(10) 外来原始凭证如有遗失,应取得原填制单位盖章证明,并注明原始凭证编号金额和内容等,经单位领导人批准后,才能作原始凭证。如确实无法取得证明的如火车、汽车、轮船、飞机票等,由当事人写出详细情况,由单位领导人批准后,代作原始凭证。

(11) 一般情况下,记账凭证必须附有原始凭证并注明张数。原始凭证的张数按自然张数计算(原始凭证汇总表应计算在内,原始凭证粘贴纸不应计算)。更正错误或结账、调账的记账凭证,可以不附原始凭证,但应对调整事项说清楚。

(12) 附在办理收付款项的记账凭证后的原始凭证,在办理完收付款项后,必须加盖"收讫""付讫"戳记。

(13) 对于数量较多的原始凭证,如收、发料单等,可以单独装订保管,在封面上注明记账凭证日期、编号、种类,同时在记账凭证上注明"附件另订"字样、原始凭证名称和编号。

(14) 各种经济合同、存出保证金收据及涉外文件等重要原始凭证,应另行编制目录,单独登记保管,并在有关记账凭证和原始凭证上相互注明日期和编号。

(二) 原始凭证书写要求。

1. 阿拉伯数字书写。

(1) 自上而下、先左后右进行书写,防止写倒笔字,大小一致。

(2) 一般向右倾斜,数字与底线的夹角为60度左右。

(3) 书写的字形和字体要一致，数字要一个一个书写，不能连笔写，“0”不能有缺口，字迹要清楚，不能错乱。数位要对齐，书写要规范。

(4) 填制原始凭证必须用蓝色或黑色墨水，除复写可用圆珠笔、改错冲销用红色墨水书写外，一般不得用圆珠笔和红色墨水书写。

(5) 有的原始凭证上，在金额数字前面应加写人民币符号“¥”，但要注意与阿拉伯数字有明显区别。以元为单位的阿拉伯数字，一律填写到角、分，无角、分的，角位和分位可写“00”，切忌空着不写。

阿拉伯数字的书写规范如表 4-1 所示。

表 4-1

**小写金额数字的规范书写**

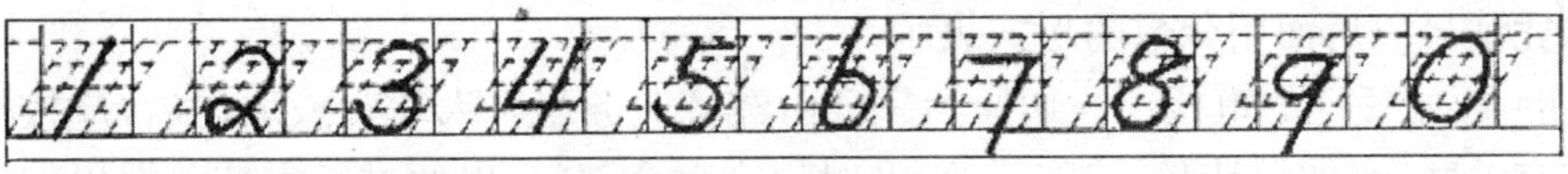


2. 中文大写数字的书写。

中文大写数字不易篡改。主要用于收据、支票等。

(1) 大写的每笔数字都是由数字和数位组成，两者缺一不可。数字：壹、贰、叁、肆、伍、陆、柒、捌、玖、零；数位：拾、佰、仟、万、亿。如金额 16.48 元，大写应写成壹拾陆元肆角捌分，而不能写成拾陆元肆角捌分。

(2) 数字中间遇到有空位时，必须补写零，如金额 206.98 元，大写应写成贰佰零陆元玖角捌分。当遇到两个或两个以上的空位连在一起时，只需补写一个零，如金额 1 008.58 元，大写应写成：壹仟零捌元伍角捌分。

(3) 大写金额数字前要写“人民币”字样，并紧接着写上数字，“人民币”字样与数字之间不要留空，以防添加数字。

(4) 元后要写“整”，即数字末尾元以下没有角分时，数字后面要写一个“整”字收尾，如金额 5 168.00 元，大写应写成：伍仟壹佰陆拾捌元整。

大写金额的书写规范如表 4-2 所示。

表 4-2

**大写金额数字的规范书写**

| | |
|---|---|
| 楷　体 | 零、壹、贰、叁、肆、伍、陆、柒、捌、玖、拾、佰、仟、万、亿、整、圆(元)、角、分 |
| 行　楷 | 零、壹、贰、叁、肆、伍、陆、柒、捌、玖、拾、佰、仟、万、亿、整、圆(元)、角、分 |

(三) 原始凭证分割与粘贴的要点。

(1) 如果一张原始凭证涉及几张记账凭证，可以把原始凭证附在一张主要的记账凭证后面，并在其他记账凭证上注明附有该原始凭证的记账凭证的编号或者附原始凭证复印件。当一张或几张原始凭证涉及几张记账凭证时，可将原始凭证附在其中一张主要的记账凭证后面，并在摘要栏内注明“本凭证附件包括××号记账凭证业务”字样，在其他有关记账凭证的摘要栏内注明“原始凭证附于××号记账凭证后面”的字样。

(2) 一张原始凭证所列支出需要几个单位共同负担的，应当将其他单位负担的部分，开给对方原始凭证分割单，进行结算。原始凭证分割单必须具备原始凭证的基本内容：凭证名称、填制凭证日期、填制凭证单位名称或者填制人姓名、经办人的签名或者盖章、接受凭证单位名称、经济业务内容、数量、单价、金额和费用分摊情况等。

(3) 附在记账凭证之后的原始凭证，应折叠、粘贴整齐，对小于记账凭证的原始凭证(如：火车、汽车、飞机、轮船票等)，要粘贴在与记账凭证一样大小的原始凭证粘贴单上。粘贴时应横向进行，从右至左，并应粘在原始凭证的左边，逐张左移，后一张右边压位前一张的左边，每张附件只粘左边的 0.6 cm～1 cm 长，粘牢即可。最后还要在粘贴单的空白处分别写出每一类原始凭证的张数、单价与总金额。

(4) 复杂的会计事项，需要填制两张或两张以上的记账凭证时，应编写分号，即在原编记账凭证号码后面用分数的形式表示。

(四) 原始凭证的审核。一切原始凭证由经济业务当事人填写或取得后，应按规定程序将其有关联次(如会计联、记账联等)及时送交财会部门，以便进行审核并据以编制记账凭证。只有审核无误的原始凭证才能作为编制记账凭证和登记账簿的依据。原始凭证的审核包括以下两个方面：

(1) 形式上的审核。审核原始凭证是否符合规定的要求，凭证中所应具备的内容是否填列齐全，尤其是要审核是否真实可靠，数字计算是否正确，大、小写金额是否相符，数字和文字是否清晰，有关人员是否签章等。

(2) 实质上的审核。审核原始凭证的来源是否可靠，凭证所反映的经济业务是否合法、合规、合理，是否符合国家财经法规以及本单位制定的有关制度、预算和计划等；是否存在弄虚作假、贪污舞弊等行为；是否履行了规定的手续，有无背离经济效益原则和违反内部控制制度的现象等。

## 三、记账凭证操作规范

在会计工作中，“制单”即填制记账凭证。记账凭证是会计人员根据审核无误后的原始凭证或汇总原始凭证，按照经济业务的内容加以归类，用来确定会计分录，作为登记账簿依据的会计凭证。

(一) 记账凭证填制的规范。

(1) 日期。记账凭证上的日期一般填写编制记账凭证当天的日期。

(2) 编号。编号时均按自然数 1、2、3、4…顺序连续编号，一张记账凭证编一个号，不得跳号、重号。一项会计业务，需要填制两张或两张以上的记账凭证时，记账凭证的编号可采用分数编号法。

(3) 摘要。记账凭证摘要栏填写的基本要求是：真实准确、表述清楚、简明扼要、详略得当。对付款业务，要写明收付款对象的名称、款项的内容；使用银行支票，还应填写支票的名称及号码；对购买材料、商品业务，要写明供货单位和主要品种、数量；对预收、预付、应收、应付款的债权债务业务，应写明对方单位名称、业务经手人、发生时间等内容；对盘点溢余、短缺事项，应写明发生部门、原因及责任人；对冲销和补充业务，应写明被冲销或被补充的记账凭证的日期及编号。

(4) 会计科目。记账凭证中“会计科目(包括一级科目和二级科目)”栏，要写明一级科目、二级科目甚至三级科目名称，以便于登记总分类账和明细分类账。会计科目的对应关系要填写清楚，一般先填写借方科目，后填贷方科目。

（5）金额。记账凭证的金额必须与原始凭证的金额相符；在填写金额数字时，阿拉伯数字书写要规范，应平行对准借贷栏次和科目行次，同时还应对准数位栏次，防止错栏串行；金额的数字要填写到“分”位，如果角、分位没有数字的，要写“00”字样，角分位与元位的位置应在同一水平线上，不得上下错开；每笔经济业务填入金额数字后，要在记账凭证的合计行填写合计金额；一笔经济业务因涉及会计科目较多，需要填写多张记账凭证的，一般在最后一张记账凭证的合计行填写合计金额。并应在合计数前面加写人民币符号“¥”。不是合计数的金额前面不填写人民币符号。

（6）附件。记账凭证一般都附有原始凭证，附原始凭证张数应用阿拉伯数字填写。其计数原则是：原始凭证没汇总的，按自然张数计算；汇总的原始凭证，按汇总单或汇总表的张数计算。

（7）签名或盖章。记账凭证由制单人员填制完毕后，制单人员应在“制单”后签名或盖章，稽核人员应在“复核”后面签名或盖章，会计主管人员审核后应在“会计主管”后签名或盖章，记账人员根据审核无误的记账凭证登记账簿，并在记账凭证的“记账”后签名或盖章，以表示记账凭证已由记账员登记入账。对于收、付款业务的记账凭证，应由出纳员在其“出纳”后签名或盖章，以表示款项已经收付。

另外，记账凭证填制完经济业务事项后，如果有空行，应当自金额栏最后一笔金额数字下的空行处至合计数上的空行处划线注销。

记账凭证填制示范如表 4-3 所示。

表 4-3

**记 账 凭 证**

2018 年 6 月 1 日　　　　第 3 号

| 摘　要 | 总账科目 | 明细科目 | 借方金额 | | | | | | | | 贷方金额 | | | | | | | | 记账符号 |
|---|---|---|---|---|---|---|---|---|---|---|---|---|---|---|---|---|---|---|---|
| | | | 十 | 万 | 千 | 百 | 十 | 元 | 角 | 分 | 十 | 万 | 千 | 百 | 十 | 元 | 角 | 分 | |
| 收到投资款 | 银行存款 | | | 6 | 0 | 0 | 0 | 0 | 0 | 0 | | | | | | | | | ✓ |
| | 实收资本 | W 公司 | | | | | | | | | | 6 | 0 | 0 | 0 | 0 | 0 | 0 | ✓ |
| | | | | | | | | | | | | | | | | | | | |
| | | | | | | | | | | | | | | | | | | | |
| 合　计 | | | ¥ | 6 | 0 | 0 | 0 | 0 | 0 | 0 | ¥ | 6 | 0 | 0 | 0 | 0 | 0 | 0 | |

附件 2 张

会计主管：林　丽　记账：陈小艺　审核：林　丽　出纳：李　玲　制单：陈小艺

（二）记账凭证错误的处理。

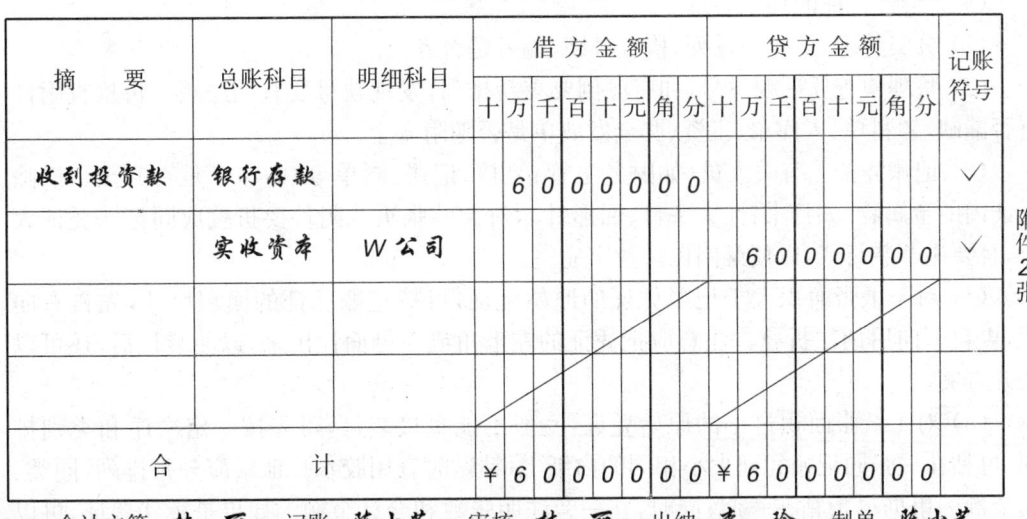

（1）填制时发生错误的，应当重新填制。

（2）已经登记入账的记账凭证，科目使用错误，在当年内发现：用红字填写一张与原来内容相同的记账凭证，在摘要栏注明“注销×月×日×号凭证”；同时再用蓝字重新填制一张正确的记账凭证，在摘要栏注明“订正×月×日×号凭证”。

（3）已经登记入账的记账凭证，科目使用没有错误，只是金额错误，在当年内发现：将正确数字与错误数字之间的差额，另编一张调整的记账凭证，调增金额用蓝字补充登记；调减金额用红字冲销。

（4）发现以前年度记账凭证有错误：应当用蓝字填制一张更正的记账凭证予以更正。

（三）记账凭证的审核。

（1）内容是否真实。审核记账凭证是否附有依据的原始凭证，所附原始凭证是否经过审核且其内容与记账凭证的内容是否一致等。

（2）项目是否齐全。审核凭证上是否有日期、凭证编号、摘要、会计科目、金额、所附原始凭证张数及有关人员签章等。

（3）科目是否正确。审核记账凭证的应借、应贷科目是否正确，是否有明确的账户对应关系，所使用的会计科目是否符合有关会计制度的规定等。

（4）金额是否正确。审核记账凭证所记录的金额与原始凭证的有关金额是否一致，所附原始凭证中的数量、单价、金额计算等是否正确。

（5）书写是否规范。审核记账凭证中的记录是否文字工整、数字清晰，是否按规定使用蓝黑墨水，是否按规定进行更正等。

## 四、会计凭证的归档保管

会计凭证整理与装订的好坏，不但影响会计凭证外形的整齐美观，更重要的是其直接影响会计资料的安全、完整及会计凭证的保管与调阅。因此，会计人员在日常工作中应充分重视这项工作。

（一）会计凭证的加工整理。

（1）分类整理，按顺序排列，检查日期、编号是否齐全。

（2）整理检查凭证顺序号，如有颠倒要重新排列，发现缺号要查明原因。再检查附件有否漏缺，领料单、入库单、工资、奖金发放单是否随附齐全。

（3）记账凭证上有关人员（如财务主管、复核、记账、制单等）的印章是否齐全。摘除凭证内的金属物（如订书针、大头针、回形针），对大的张页或附件要折叠成同记账凭证大小，且要避开装订线，以便翻阅保持数字完整。

（4）对于纸张面积大于记账凭证的原始凭证，可按记账凭证的面积尺寸，先自右向后，再自下向后两次折叠。注意应把凭证的左上角或左侧面让出来，以便装订后，还可以展开查阅。

（5）对于纸张面积过小的原始凭证，一般不能直接装订，可先按一定次序和类别排列，再粘在一张同记账凭证大小相同的白纸上，粘贴时宜用胶水。证票应分张排列，同类、同金额的单据尽量粘在一起；同时，在一旁注明张数和合计金额。如果是板状票证，可以将票面票底轻轻撕开，厚纸板弃之不用。

（6）对于纸张面积略小于记账凭证的原始凭证，可先用回形针或大头针别在记账凭证后面，待装订时再抽去回形针或大头针。有的原始凭证不仅面积大，而且数量多，可以单独装订,如工资单、耗料单等,但在记账凭证上应注明保管地点。

(7) 按凭证汇总日期归集(如按上、中、下旬汇总归集)确定装订成册的本数。

(二) 会计凭证的装订及操作方法。

1. 会计凭证的装订要求。

会计凭证的装订是指把定期整理完毕的会计凭证按照编号顺序,外加封面、封底,装订成册,并在装订线上加贴封签。在封面上,应写明单位名称、年度、月份、记账凭证的种类、起讫日期、起讫号数,以及记账凭证和原始凭证的张数,并在封签处加盖会计主管的骑缝图章。会计凭证装订的要求是既美观大方又便于翻阅,所以在装订时要先设计好装订册数及每册的厚度。一般来说,一本凭证,厚度以 1.5 cm 至 2.0 cm 为宜,原则上以月份为单位装订,每月订成一册或若干册。

2. 会计凭装订操作的具体步骤。

(1) 将凭证封面和封底裁开,分别附在凭证前面和后面,再拿一张质地相同的纸(可以再找一张凭证封皮,裁下一半用,另一半为订下一本凭证备用)放在封面上角,做护角线。

(2) 在凭证的左上角画一边长为 5 厘米的等腰三角形,用夹子夹住,用装订机在底线上分布均匀地打两个眼儿。

(3) 用大针引线绳穿过两个眼儿。如果没有针,可以将回形别针顺直,然后将两端折向同一个方向,将线绳从中间穿过并夹紧,即可把线引过来,因为一般装订机打出的眼儿是可以穿过的。

(4) 在凭证的背面打线结。线绳最好在凭证中端系上。

(5) 将护角向左上侧折,并将一侧剪开至凭证的左上角,然后抹上胶水。

(6) 向后折叠,并将侧面和背面的线绳扣粘死。

(7) 待晾干后,在凭证本的脊背上面写上"某年某月第几册共几册"的字样。装订人在装订线封签处签名或者盖章。

(三) 会计凭证的保管。

会计凭证是重要的会计档案和经济资料,每个单位都要建立保管制度,妥善保管。对各种会计凭证要分门别类、按照编号顺序整理,装订成册。封面上要注明会计凭证的名称、起讫号、时间以及有关人员的签章。要妥善保管好会计凭证,在保管期间会计凭证不得外借,对超过所规定期限(一般是 15 年)的会计凭证,要严格依照有关程序销毁。需永久保留的有关会计凭证,不能销毁。

## 五、会计账簿操作规范

企业各项经济业务编制会计分录以后,应记入有关账户,这个记账步骤通常称为"过账",或称为账簿登记。登记账簿作为会计核算的重要环节,必须严格以记账凭证为依据,并且要定期结账。

(一) 会计账簿的登记要点。

1. 填写项目齐全,内容完整。登记账簿时,需将账页中的日期、凭证编号、摘要、金额等项目填写齐全,摘要简明扼要,书写规范整齐,数字清晰无误。账簿中的月、日应填写记账凭证的日期,每一笔记账凭证中的业务登记完毕,都应在记账凭证"过账"栏内画"√",

表示记账完毕，避免重记、漏记。在登记账簿时，账簿登记人员在登记账簿前，应根据岗位责任制和内部牵制要求对审核过的记账凭证再复核一遍，如发现记账凭证有错误，可暂停登记，报告会计主管人员，由他作出修改或照登决定。在任何情况下，凡不兼任填制记账凭证工作的记账人员都不得自行更改记账凭证。

2. 账簿的登记依据正确。

(1) 现金日记账和银行存款日记账。一般由出纳人员根据审核无误的与现金、银行存款收付业务有关的记账凭证逐日逐笔登记。

表 4-4

银行存款日记账

| 2018年 | | 凭证号数 | 摘要 | 对方科目 | 收入 | | | | | | | | | 支出 | | | | | | | | | 结存 | | | | | | | | |
|---|---|---|---|---|---|---|---|---|---|---|---|---|---|---|---|---|---|---|---|---|---|---|---|---|---|---|---|---|---|---|---|
| 月 | 日 | | | | 百 | 十 | 万 | 千 | 百 | 十 | 元 | 角 | 分 | 百 | 十 | 万 | 千 | 百 | 十 | 元 | 角 | 分 | 百 | 十 | 万 | 千 | 百 | 十 | 元 | 角 | 分 |
| 12 | 1 | | 期初余额 | | | | | | | | | | | | | | | | | | | | | 1 | 1 | 0 | 0 | 0 | 0 | 0 | 0 |
| 12 | 1 | 1 | 收到投资款 | 实收资本 | | 4 | 0 | 0 | 0 | 0 | 0 | 0 | 0 | | | | | | | | | | | 5 | 1 | 0 | 0 | 0 | 0 | 0 | 0 |
| | 2 | 3 | 借入款项 | 长期借款 | | 3 | 0 | 0 | 0 | 0 | 0 | 0 | 0 | | | | | | | | | | | 8 | 1 | 0 | 0 | 0 | 0 | 0 | 0 |
| | 30 | 8 | 提取现金 | 库存现金 | | | | | | | | | | | 1 | 0 | 0 | 0 | 0 | 0 | 0 | 0 | | | | | | | | | |
| | 30 | 13 | 销货款 | 主营业务收入 | | 2 | 8 | 0 | 8 | 0 | 0 | 0 | 0 | | | | | | | | | | | 9 | 9 | 0 | 8 | 0 | 0 | 0 | 0 |
| | | | 本月合计 | | | 9 | 8 | 0 | 8 | 0 | 0 | 0 | 0 | | 1 | 0 | 0 | 0 | 0 | 0 | 0 | 0 | | | | | | | | | |
| | | | 本年累计 | | 8 | 0 | 4 | 2 | 5 | 0 | 0 | 0 | 0 | 5 | 6 | 3 | 7 | 0 | 0 | 0 | 0 | 0 | | | | | | | | | |
| | | | 结转下年 | | | | | | | | | | | | | | | | | | | | | | | | | | | | |
| | | | | | | | | | | | | | | | | | | | | | | | | | | | | | | | |
| | | | | | | | | | | | | | | | | | | | | | | | | | | | | | | | |
| | | | | | | | | | | | | | | | | | | | | | | | | | | | | | | | |

(2) 总分类账。由于各企业账务处理程序不同，总分类账可以根据记账凭证直接登记，也可以根据科目汇总表或其他方式登记。

总分类账(总账)登记示范如表 4-5 所示。

(3) 明细分类账。根据审核无误后的、与现金和银行存款收付业务无关的记账凭证或原始凭证登记。

明细分类账登记示范如表 4-6 所示。

表 4-5

编号 6602

科目 管理费用

总 账　　会计　　记账 吕一　　总页　　分页

| 2018年 月 | 日 | 凭证号数 | 摘要 | 日页 | 借(收入)方 百十万千百十元角分 | 贷(付出)方 百十万千百十元角分 | 借或贷 | 余额 百十万千百十元角分 |
|---|---|---|---|---|---|---|---|---|
| 12 | 10 | 汇1 | 1～10日发生额 | | 68000 | | 借 | 68000 |
| 12 | 31 | 汇3 | 21～31日发生额 | | 5840883 | 5908883 | 平 | |
| | | | 本月合计 | | 5908883 | 5908883 | | |
| | | | 本年累计 | | 69806596 | 69806596 | | |
| | | | | | | | | |
| | | | | | | | | |
| | | | | | | | | |
| | | | | | | | | |

3. 书写规范。为了保持账簿记录的持久性，防止涂改，记账必须使用蓝黑墨水或碳素墨水，并用钢笔书写，不得使用圆珠笔或铅笔书写，除结账、改错、冲账、登记减少数可以使用红笔登记外，其余账簿记录均不得使用红色墨水。在书写文字和数字时，不要写满格，一般应占格距的 1/2，这样就可以在发现错误时，在该文字和数字的上面进行更正。

4. 保持连续登记。记账时，必须按账户页次逐页逐行登记，不得跳页、隔行，如无意发生隔行、跳页现象，应在空页、空行处用红色墨水画对角线注销，加盖"此页空白"或"此行空白"的戳记，并由记账人员签章。每一账页记录完毕结转下页时，为表现账目的连续性，应当结出本页合计数及余额，并在本页最后一行摘要栏注明"过次页"，在下页第一行摘要栏注明"承前页"，并将上页余额及发生额过入次页；也可以上页最后一行不结计发生额合计及余额，而直接在次页第一行承前页写出发生额合计数及余额。

财政部《会计基础工作规范》对于"过次页"的本页合计数的结计方法做了如下具体规定：

第一，对现金、银行存款和收入、费用明细账等需要按月结计发生额账户，结计"过次页"的本页合计数应当是自本月初起至本页末止的发生额合计数。

第二，对需要结计本年累计发生额的某些明细账户，结计"过次页"的本页合计数应当是自年初起至本页末止的累计发生额。

第三，对不需按月和按年结计发生额的账户，可以只将每页末的余额结转次页。

5. 余额结计要求。凡需要结出余额的账户，结出余额后，应在"借或贷"栏内写明"借""贷"表明余额方向，并在"余额"栏内写清余额金额。没有余额的账户，应当在"借或

表 4-6

编号 140501　　页次 1　　　　存放地点＿＿＿＿

名称 活塞 Jetta　　规格＿＿＿＿　　计量单位 个

## 库存商品明细账

| 2018年 月 | 日 | 凭证号数 | 摘要 | 收入 数量 | 收入 平均单价 | 收入 金额（十万千百十元角分） | 付出 数量 | 付出 平均单价 | 付出 金额（十万千百十元角分） | 结存 数量 | 结存 平均单价 | 结存 金额（十万千百十元角分） |
|---|---|---|---|---|---|---|---|---|---|---|---|---|
| 12 | 1 | | 期初结存 | | | | | | | 2 500 | 12.00 | 3000000 |
| 12 | 3 | | 销售发出产品 | | | | 800 | | | 1 700 | | |
| 12 | 7 | | 销售退回 | | | | 600 | | | 2 300 | | |
| 12 | 9 | | A产品完工验收入库 | 2 700 | | | | | | 5 000 | | |
| 12 | 29 | | 销售发出产品 | | | | 4 400 | | | 600 | | |
| 12 | 30 | | 完工入库 | 4 800 | | | | | | 5 400 | | |
| 12 | 31 | 79 | 结转完工产品成本 | | | 9621000 | | | | 5 400 | 12.621 | 6815340 |
| 12 | 31 | 81 | 结转已销产品成本 | | | | | | 5805660 | | | |
| 12 | 31 | | 本月合计 | 7 500 | 12.828 | 9621000 | 4 600 | 12.621 | 5805660 | | | |
| | | | 结转下年 | | | | | | | | | |
| | | | | | | | | | | | | |
| | | | | | | | | | | | | |

贷”栏内写“平”字，并在余额栏内“元”字的位置用“0”表示。

（二）会计账簿的装订和保管。

1. 装订前准备。账簿装订前，首先按账簿启用表的使用页数核对各个账户是否相符，账页是否齐全，序号排列是否连续；然后按会计账簿封面、账簿启用表、账户目录、该账簿按页数顺序排列的账页、会计账簿装订封底的顺序装订。

2. 活页账簿装订要求。

(1) 保留已使用过的账页，将账页数填写齐全，去除空白页和撤掉账夹，用质好的牛皮纸做封面、封底，装订成册。

(2) 多栏式活页账、三栏式活页账、数量金额式活页账等不得混装，按同类业务、同类账页装订在一起。

(3) 在本账的封面上填写好账目的种类，编好卷号，加盖会计主管人员和装订人(经办人)签章。

3. 账簿装订后的其他要求。

(1) 会计账簿应牢固、平整，不得有折角、缺角、错页、掉页、加空白纸的现象。

(2) 会计账簿的封口要严密，封口处要加盖有关印章。

(3) 封面应齐全、平整，并注明所属年度及账簿名称、编号，编号为一年一编，编号顺序为总账、库存现金日记账、银行存(借)款日记账、分户明细账。

（三）会计账簿的保管。

(1) 会计账簿一经使用，便是会计档案，订本式账簿中的账页，不得以任何理由撕掉。活页账簿不得抽换、缺少。在一个会计年度内，账簿尚未用完，不得以任何借口更换或用空白账簿、账页重抄。如果由于特殊原因，账簿全部都模糊不清，可以重抄。但在重抄前，应报经总会计师或会计主管人员批准。抄好后，要仔细校对一遍，以防错抄、漏抄、重抄，原来账页要妥善保管，不得销毁。

(2) 会计账簿按保管期限分别编制卷号，如库存现金日记账全年按顺序编制卷号；总账、各类明细账、辅助账全年按顺序编制卷号。会计账簿的保管期限如下：总账(包括日记总账)15 年；明细账 15 年；日记账 15 年(其中，现金及银行存款日记账 25 年)；固定资产卡片在固定资产报废清理后 5 年；辅助账簿(备查簿)15 年。

## 六、对账与结账

（一）对账的操作要求。

(1) 账证核对。账证核对主要是核对会计账簿记录与原始凭证、记账凭证、凭证字号、内容、金额是否一致，记账方向是否相符。

(2) 账账核对。账账核对是核对不同会计账簿之间的账簿记录是否相符。包括：总账有关账户的余额核对，总账与明细账核对，总账与日记账核对，会计部门的财产物资明细账与财产物资保管和使用部门的有关明细账核对等。

(3) 账实核对。账实核对是核对会计账簿记录与财产实有数额是否相符。包括：现金日记账账面余额与现金实际库存数相核对；银行存款日记账账面余额定期与银行对账单相核对；各种财产物资明细账账面余额与财产物资实存数额相核对；各种应收、应付明细账账面余额与有关债务、债权单位或个人相核对等。

（二）期末结账的操作要点。

结账，是在把一定时期内发生的全部经济业务登记入账的基础上，计算并记录本期发生额和期末余额。从结账的时间划分，可分为月结、季结和年结。

1. 月结的操作要点。

(1)日记账。库存现金、银行存款日记账，应按日结出余额，每日的最后一笔应自然结出当日余额，不必另起一行。

库存现金、银行存款日记账的月结方法。即在本月最后一笔记录下面划一条通栏单红线，并在下一行的摘要栏中居中书写“本月合计”，同时在该行结出本月发生额合计及余额，然后，在“本月合计”行下面再划一条通栏单红线。

(2) 明细账。若某一明细账的业务量较大时，平时可每隔 5 天结一次余额。明细账在月结时应注意区别以下几种情况：

A. 本月没有发生额的账户，不必进行月结，不画结账红线。

B. 对需要按月结出本月发生额的账户，由于会计报表须填写本月发生额，都要结出“本月合计”发生额及余额，并在“本月合计”行下面画一条通栏单红线。

C. 对需要结计本年累计发生额的账户，按月结出本年累计发生额，在“本月合计”字样下划一条通栏单红线后，下面一行摘要栏注明“本年累计”字样，并结出发生额及余额，并在“本年累计”行下画一条通栏单红线。

D. 不需按月结计本月发生额的账户，在月末结出余额后，只需在本月最后一笔记录下面画一条通栏单红线，表示“本月记录到此结束”。

(3) 总账。业务较多的总账账户，平时也可每隔 5 天结一次余额，月末结出月末余额，一般月末可不结计“本月合计”，结出月末余额后，只需在本月最后一笔记录下面画一条通栏单红线；表示“本月记录到此结束”。但若是需要结计“本月合计”及本年累计发生额的账户，其结账方法与上述明细账所述结账方法相同。

2. 年结的操作要点。

(1) 各账户封账。年终结账时，各账户按上述方法进行月结的同时，为了反映全年各项资产、负债及所有者权益增减变动的全貌，便于核对账目，要将所有总账账户结计全年发生额和年末余额，在摘要栏内注明“本年合计”字样，并在该行下面画通栏双红线，表示“年末封账”。

(2) 结转新账。结转下年时，凡是有余额的账户，都应在年末“本年累计”行下面画通栏双红线，在下面摘要栏注明“结转下年”字样，不需编制记账凭证，但必须把年末余额转入下年新账。转入下年新账时，应在账页第一行摘要栏内注明“上年结转”字样，并在余额栏内填写上年结转的余额。

对于新的会计年度建账，一般说来，总账、日记账和多数明细账应每年更换一次。但有些财产物资明细账和债权债务明细账，由于材料品种、规格和往来单位较多，更换新账，重抄一遍工作量较大，因此，可以跨年度使用，不必每年更换一次，各种备查簿也可以连续使用。

## 七、会计报表编制规范

会计报表是以日常核算资料为主要依据，总括反映企业在一定时期内的经济活动情况和经营成果的书面报告，是会计信息的主要反映手段。

(一) 编报要求。

数字必须真实,计算必须准确;内容必须完整,说明必须清楚;编报必须及时,手续必须完备;前后保持一致,不得随意变动。

(二) 编报规范及保管。

(1) 根据总账和明细账有关账户的余额填列,包括直接抄列、相加后填列、相减后填列,如资产负债表。

(2) 根据总账和明细账有关账户的发生额填列,如利润表。

(3) 会计报表的报送。企业应定期编制各种报表,并按编制要求完成。集中编制页数,加具封面,装订成册,经单位领导、总会计师或代理会计师职权的人员或会计主管人员签章,才能报送政府主管部门和其他报表使用者。

(4) 会计报表分月装订,文字说明和财务情况说明书是会计报表的组成部分,应附会计报表之后,以免丢失。所有的会计报表资料应归档妥善保管。

# 第五部分　期初模拟资料

## 一、期初建账资料

设置和登记账簿，是会计核算工作的重要环节。在实际工作中建账工作一般都在年初进行，即每年年初结转旧账，建立新账。本实训是核算福州安达汽车配件有限公司 12 月份的经济业务，需要以该企业 12 月 1 日账户期初余额为基础资料，完成总账、日记账及相关明细账的建账工作。

（一）福州安达汽车配件有限公司 2018 年 12 月 1 日有关总账期初资料（见表 5-1）。

表 5-1

**总分类账户期初余额表**

2018 年 12 月 1 日　　单位：元

| 科目号 | 账户名称 | 借方余额 | 贷方余额 |
|---|---|---|---|
| 1001 | 库存现金 | 988.85 | |
| 1002 | 银行存款 | 1 520 956.55 | |
| 1012 | 其他货币资金 | | |
| 1101 | 交易性金融资产 | | |
| 1121 | 应收票据 | 189 350.00 | |
| 1122 | 应收账款 | 350 000.00 | |
| 1123 | 预付账款 | | |
| 1221 | 其他应收款 | 400.00 | |
| 1231 | 坏账准备 | | 1 750.00 |
| 1402 | 在途物质 | 13 260.00 | |
| 1403 | 原材料 | 240 364.00 | |
| 1405 | 库存商品 | 383 014.00 | |
| 1411 | 周转材料 | 10 195.00 | |
| 1471 | 存货跌价准备 | | |
| 1601 | 固定资产 | 7 476 129.21 | |
| 1602 | 累计折旧 | | 644 706.19 |
| 1604 | 在建工程 | 300 000.00 | |
| 1606 | 固定资产清理 | | |
| 1701 | 无形资产 | 1 800 000.00 | |

（续表）

| 科目号 | 账户名称 | 借方余额 | 贷方余额 |
|---|---|---|---|
| 1702 | 累计摊销 | | 85 000.00 |
| 1901 | 待处理财产损溢 | | |
| 2001 | 短期借款 | | |
| 2201 | 应付票据 | | |
| 2202 | 应付账款 | | 363 000.00 |
| 2203 | 预收账款 | | |
| 2211 | 应付职工薪酬 | | 797 112.64 |
| 2221 | 应交税费 | | 208 182.36 |
| 2231 | 应付利息 | | 5 580.00 |
| 2232 | 应付股利 | | |
| 2241 | 其他应付款 | | 6 244.22 |
| 2501 | 长期借款 | | 500 000.00 |
| 4001 | 实收资本 | | 8 000 000.00 |
| 4002 | 资本公积 | | |
| 4101 | 盈余公积 | | 165 890.00 |
| 4103 | 本年利润 | | 1 294 097.31 |
| 4104 | 利润分配 | | 294 790.11 |
| 5001 | 生产成本 | 81 695.22 | |
| 合计 | | 12 366 352.83 | 12 366 352.83 |

（二）福州安达汽车配件有限公司 2018 年 12 月 1 日有关日记账期初资料（见表 5-2）。

表 5-2

**日记账期初余额**

2018 年 12 月 1 日

| 科目编码 | 科目名称 | 方 向 | 余 额 |
|---|---|---|---|
| 1001 | 库存现金 | 借 | 988.85 |
| 1002 | 银行存款 | 借 | 1 520 956.55 |

（三）福州安达汽车配件有限公司 2018 年 12 月 1 日有关明细账期初资料。

1. 三栏式明细分类账期初资料（见表 5-3）

损益类账户一般采用多栏式明细账，但在本模拟实验中涉及的业务笔数比较少，因此本实验只要求"主营业务收入"和"主营业务成本"按二级科目开设三栏式明细账，其余的损益类账户，如"销售费用""财务费用""其他业务收入""其他业务成本""营业外收入""营业外支出""营业税金及附加""所得税费用" "资产减值损失""公允价值变动损益"，只需按一级科目开设三栏式明细账进行逐笔登记即可。

表 5-3

## 三栏式明细分类账户期初余额表

2018 年 12 月 1 日

| 总账科目 | 明细科目 | 借方余额 | | 贷方余额 | |
|---|---|---|---|---|---|
| | | 总账 | 明细账 | 总账 | 明细账 |
| 交易性金融资产 | 成本 | | | | |
| | 公允价值变动 | | | | |
| 应收票据 | | 189 350.00 | | | |
| | 银行承兑汇票 | | | | |
| | 商业承兑汇票 | | 189 350.00 | | |
| 应收账款 | | 350 000.00 | | | |
| | 福州海西机械公司 | | 335 000.00 | | |
| | 顶力机械有限公司 | | 15 000.00 | | |
| | 泉州动力机械公司 | | | | |
| 其他应收款 | | 400.00 | | | |
| | 报刊征订费 | | 400.00 | | |
| | 财产保险费 | | | | |
| | 预借差旅费 | | | | |
| 在途物质 | | 13 260.00 | | | |
| | 原材料 | | 13 260.00 | | |
| 原材料 | | 240 364.00 | | | |
| | 原主材料 | | 195 610.00 | | |
| | 辅助材料 | | 10 418.00 | | |
| | 燃料 | | 30 040.00 | | |
| | 包装材料 | | 4 296.00 | | |
| 库存商品 | | 383 014.00 | | | |
| | 活塞 Jetta | | 210 714.00 | | |
| | 活塞 Santana | | 90 496.00 | | |
| | 活塞 Sail | | 81 804.00 | | |
| 周转材料 | | 10 195.00 | | | |
| | 包装物 | | 5 995.00 | | |
| | 低值易耗品 | | 4 200.00 | | |
| 固定资产 | | 7 476 129.21 | | | |
| | 生产用 | | 5 378 219.32 | | |
| | 非生产用 | | 2 097 909.89 | | |

（续表）

| 总账科目 | 明细科目 | 借方余额 | | 贷方余额 | |
|---|---|---|---|---|---|
| 在建工程 | | 300 000.00 | | | |
| | 仓库工程 | | 300 000.00 | | |
| | 安装工程 | | | | |
| 无形资产 | | 1 800 000.00 | | | |
| | 土地使用权 | | 1 800 000.00 | | |
| 应付票据 | | | | | |
| | 应付银行承兑汇票 | | | | |
| 应付账款 | | | | 363 000.00 | |
| | 上海南贸易公司 | | | | 350 000.00 |
| | 厦门联华石化公司 | | | | |
| | 旺达化工公司 | | | | |
| | 闽江包装品公司 | | | | |
| | 江西天荣合金公司 | | | | 13 000.00 |
| 预收账款 | | | | | |
| | 泉州动力机械公司 | | | | |
| 应付职工薪酬 | | | | 797 112.64 | |
| | 工资 | | | | 665 365.00 |
| | 职工福利 | | | | |
| | 职工养老保险 | | | | 52 556.40 |
| | 失业保险 | | | | 2 919.80 |
| | 工伤保险 | | | | 2 173.03 |
| | 生育保险 | | | | 2 173.03 |
| | 医疗保险 | | | | 40 391.54 |
| | 住房公积金 | | | | 29 198.00 |
| | 职工教育经费 | | | | |
| | 工会经费 | | | | 2 335.84 |
| 应交税费 | | | | 208 182.36 | |
| | 未交增值税 | | | | 187 000.00 |
| | 应交城建税 | | | | 13 090.00 |
| | 应交教育费附加 | | | | 5 610.00 |
| | 地方教育费附加 | | | | 1 870.00 |
| | 应交印花税 | | | | 612.36 |
| | 应交个人所得税 | | | | |

（续表）

| 总账科目 | 明细科目 | 借方余额 | | 贷方余额 | |
|---|---|---|---|---|---|
| 利润分配 | | | | 294 790.11 | |
| | 未分配利润 | | | | 294 790.11 |
| | 提取法定盈余公积 | | | | |
| | 应付利润 | | | | |
| 生产成本 | | | | | |
| | 辅助生产成本(机修车间) | | | | |
| | 辅助生产成本(车队) | | | | |
| 制造费用 | | | | | |
| | 铸造车间 | | | | |
| | 加工车间 | | | | |
| 主营业务收入 | | | | | |
| | 活塞 Jetta | | | | |
| | 活塞 Santana | | | | |
| | 活塞 Sail | | | | |
| 主营业务成本 | | | | | |
| | 活塞 Jetta | | | | |
| | 活塞 Santana | | | | |
| | 活塞 Sail | | | | |

2. 数量金额式明细分类账户期初资料(见表 5-4 至表 5-7)

本实训应开设数量金额式明细分类账的账户有“原材料”“周转材料”“库存商品”等存货类明细账。本实训分别由材料仓库管理员林小燕，产成品仓库管理员林红根据存货出入库单逐笔登记数量金额式明细账，月未与会计对账(相关的三栏式明细账)。

表 5-4

**“原材料”明细账户期初余额**

2018 年 12 月 1 日

| 种类 | 名称 | 规格型号 | 单位 | 数量 | 单价 | 金额 |
|---|---|---|---|---|---|---|
| 原主材料 | 纯铝 | A00 | 千克 | 10 000 | 16.801 | 168 010.00 |
| | 硅 | | 千克 | 2 000 | 13.80 | 27 600.00 |
| 辅助材料 | 切削液 | | 千克 | 400 | 15.2 | 6 080.00 |
| | 液压油 | 46＃ | 千克 | 300 | 12.18 | 3 654.00 |
| | 钢铁除油剂 | 986.1＃ | 千克 | 50 | 13.68 | 684.00 |
| 燃料 | 柴油 | 0＃ | 千克 | 2 000 | 6.66 | 13 320.00 |
| | 重油 | 180＃ | 千克 | 4 000 | 4.18 | 16 720.00 |
| 包装材料 | 塑料膜 | 110×80 | 千克 | 300 | 14.32 | 4 296.00 |
| 合计 | | | | | | 240 364.00 |

表 5-5

**"周转材料——包装物"明细账户期初余额**

2018 年 12 月 1 日

| 明细账户 | 规格 | 计量单位 | 结存数量 | 单价 | 结存金额 |
|---|---|---|---|---|---|
| 活塞 Jetta 包装箱 | 595×400×200 | 个 | 300 | 11.36 | 3 408.00 |
| 活塞 Santana 包装箱 | 580×400×195 | 个 | 100 | 10.6 | 1 060.00 |
| 活塞 Sail 包装箱 | 560×380×190 | 个 | 150 | 10.18 | 1 527.00 |
| 合　计 | | | | | 5 995.00 |

表 5-6

**"周转材料——低值易耗品"明细账户期初余额**

2018 年 12 月 1 日

| 明细账户 | 计量单位 | 结存数量 | 单　价 | 结存金额 |
|---|---|---|---|---|
| 劳保鞋 | 双 | 50.00 | 56.00 | 2 800.00 |
| 耐热手套 | 副 | 280.00 | 5.00 | 1 400.00 |
| 合　计 | | | | 4 200.00 |

表 5-7

**"库存商品"明细账户期初余额**

2018 年 12 月 1 日

| 明细账户 | 数量 | 计量单位 | 结存数量 | 单位生产成本 | 结存金额 |
|---|---|---|---|---|---|
| 活塞 Jetta | 14 000 | 只 | 14 000 | 15.051 | 210 714.00 |
| 活塞 Santana | 5 600 | 只 | 5 600 | 16.16 | 90 496.00 |
| 活塞 Sail | 6 800 | 只 | 6 800 | 12.03 | 81 804.00 |
| 合　计 | | | | | 383 014.00 |

3. 多栏式明细账

多栏式明细分类账有借贷式和合计式两种。本实验要求开设借贷式多栏明细账的账户有"应交税费——应交增值税"(见表 5-8),开设合计式多栏目明细账的有"生产成本——基本生产成本"(见表 5-9)、"管理费用"(见表 5-10)。

表 5-8

**"应交税费——应交增值税"账户的明细栏目表**

| 科目名称 | 借方栏目 | 贷方栏目 |
|---|---|---|
| 应交税费——应交增值税 | 进项税额<br>已交税金<br>转出未交增值税 | 销项税额<br>进项税额转出<br>转出未交增值税 |

表 5-9

**"生产成本——基本生产成本"账户期初余额表**

2018 年 12 月 1 日

| 在产品名称 | 成本项目 | | | 合计 |
|---|---|---|---|---|
| | 直接材料 | 直接人工 | 制造费用 | |
| 活塞 Jetta | 5 661.10 | 1 618.33 | 812.05 | 8 091.48 |
| 活塞 Santana | 9 041.54 | 3 527.73 | 2 043.29 | 14 612.56 |
| 活塞 Sail | 50 747.03 | 5 155.26 | 3 088.89 | 58 991.18 |
| 合计 | 65 449.67 | 10 301.32 | 5 944.23 | 81 695.22 |

表 5-10

**"管理费用"账户的明细栏目表**

| 科目名称 | 应设置的主要明细栏目 |
|---|---|
| 管理费用 | 办公费、差旅费、折旧费、水电费、业务招待费、修理费、工资薪酬、职工福利费、社会保险费、工会经费、职工教育经费、住房公积金、财产保险费、计提坏账准备、盘亏、印花税、无形资产摊销、其他 |

## 二、期初会计报表资料

（一）资产负债表年初有关资料（见表 5-11）。

表 5-11

**资产负债表年初资料**

| 资产 | 期末余额 | 年初余额 | 负债所有者权益（或股东权益） | 期末余额 | 年初余额 |
|---|---|---|---|---|---|
| 流动资产： | | | 流动负债： | | |
| 货币资金 | | 1 521 945.40 | 短期借款 | | |
| 交易性金融资产 | | | 交易性金融负债 | | |
| 衍生金融资产 | | | 衍生金融负债 | | |
| 应收票据 | | 189 350.00 | 应付票据 | | |
| 应收账款 | | 348 250.00 | 应付账款 | | 363 000.00 |
| 预付款项 | | | 预收款项 | | |
| 应收利息 | | | 合同负债 | | |
| 应收股利 | | | 应付职工薪酬 | | 797 112.64 |
| 其他应收款 | | 400.00 | 应交税费 | | 208 182.36 |
| 存货 | | 728 528.22 | 应付利息 | | 5 580.00 |
| 合同资产 | | | 应付股利 | | |

（续表）

| 资　产 | 期末余额 | 年初余额 | 负债所有者权益（或股东权益） | 期末余额 | 年初余额 |
|---|---|---|---|---|---|
| 持有待售资产 | | | 其他应付款 | | 6 244.22 |
| 一年内到期的非流动资产 | | | 持有待售负债 | | |
| 其他流动资产 | | | 一年内到期的非流动负债 | | |
| 流动资产合计 | | 2 788 473.62 | 其他流动负债 | | |
| 非流动资产： | | | 流动负债合计 | | 1 380 119.22 |
| 债权投资 | | | 非流动负债： | | |
| 其他债权投资 | | | 长期借款 | | 500 000.00 |
| 长期应收款 | | | 应付债券 | | |
| 长期股权投资 | | | 其中：优先股 | | |
| 其他权益工具投资 | | | 永续债 | | |
| 其他非流动金融资产 | | | 长期应付款 | | |
| 投资性房地产 | | | 专项应付款 | | |
| 固定资产 | | 6 831 423.02 | 预计负债 | | |
| 在建工程 | | 300 000.00 | 递延收益 | | |
| 工程物资 | | | 递延所得税负债 | | |
| 固定资产清理 | | | 其他非流动负债 | | |
| 生产性生物资产 | | | 非流动负债合计 | | 500 000.00 |
| 油气资产 | | | 负债合计 | | 1 880 119.22 |
| 无形资产 | | 1 715 000.00 | 所有者权益（或股东权益）： | | |
| 开发支出 | | | 实收资本（或股本） | | 8 000 000.00 |
| 商誉 | | | 其他权益工具 | | |
| 长期待摊费用 | | | 其中：优先股 | | |
| 递延所得税资产 | | | 永续债 | | |
| 其他非流动资产 | | | 资本公积 | | |
| 非流动资产合计 | | 8 846 423.02 | 减：库存股 | | |
| | | | 其他综合收益 | | |
| | | | 盈余公积 | | 165 890.00 |
| | | | 未分配利润 | | 1 588 887.42 |
| | | | 所有者权益（或股东权益）合计 | | 9 754 777.42 |
| 资产总计 | | 11 634 896.64 | 负债和所有者权益（或股东权益）总计 | | 11 634 896.64 |

（二）利润表有关资料(见表 5-12)。

表 5-12

**损益账户 2018 年 1～11 月份发生额及上年累计数**

| 账户名称 | 2018 年 1～11 月累计发生额 | | 2017 年度累计发生额 | |
|---|---|---|---|---|
| | 借　方 | 贷　方 | 借　方 | 贷　方 |
| 主营业务收入 | | 19 169 700.00 | | 19 361 397.00 |
| 其他业务收入 | | 104 500.00 | | 107 635.00 |
| 公允价值变动收益 | | 142 246.00 | | 92 459.90 |
| 投资收益 | | 82 142.50 | | 76 392.53 |
| 营业外收入 | | 67 000.00 | | 62 310.00 |
| 主营业务成本 | 13 639 957.50 | | 13 776 357.08 | |
| 其他业务成本 | 27 434.00 | | 28 257.02 | |
| 营业税金及附加 | 211 310.19 | | 196 518.48 | |
| 销售费用 | 892 284.80 | | 829 824.86 | |
| 管理费用 | 3 008 507.13 | | 2 978 422.06 | |
| 财务费用 | 30 690.00 | | 32 224.50 | |
| 资产减值损失 | | | 8 987.00 | |
| 营业外支出 | 29 941.80 | | 11 078.47 | |
| 所得税费用 | 431 365.77 | | 459 631.24 | |

# 第六部分　本月模拟资料

## 一、模拟企业 2018 年 12 月份经济业务一览表

模拟企业 2018 年 12 月份经济业务如表 6-1 所示。

表 6-1

**模拟企业 12 月份经济业务一览表**

| 业务序号 | 日期 | 业　务　内　容 |
|---|---|---|
| 1 | 12 月 1 日 | 领用现金支票等银行空白凭证(见业务 1) |
| 2 | 12 月 1 日 | 提现金备用(见业务 2) |
| 3 | 12 月 1 日 | 在证券交易所买入“中国太保”4 000 股(见业务 3) |
| 4 | 12 月 1 日 | 取得工行一笔短期贷款(见业务 4) |
| 5 | 12 月 1 日 | 支付财产保险费(见业务 5-1、业务 5-2、业务 5-3) |
| 6 | 12 月 2 日 | 发放本月份职工生日礼金(见业务 6) |
| 7 | 12 月 2 日 | 生产领用材料(见业务 7-1 至业务 7-3) |
| 8 | 12 月 2 日 | 申办银行汇票,准备采购(见业务 8) |
| 9 | 12 月 2 日 | 购买办公用品(见业务 9) |
| 10 | 12 月 3 日 | 吸收投资(见业务 10-1、业务 10-2) |
| 11 | 12 月 3 日 | 销售产品,收到银行承兑汇票(见业务 11-1 至业务 11-3) |
| 12 | 12 月 3 日 | 支付广告费(见业务 12-1、业务 12-2) |
| 13 | 12 月 3 日 | 上月购买的材料验收入库(见业务 13) |
| 14 | 12 月 4 日 | 购买材料,收回退还银行汇票余款(见业务 14-1 至业务 14-3) |
| 15 | 12 月 4 日 | 转销无法支付的前欠货款(见业务 15) |
| 16 | 12 月 4 日 | 将收到的银行承兑汇票背书转让抵付欠货款(见业务 16-1、业务 16-2) |
| 17 | 12 月 5 日 | 外购材料入库(见业务 17) |
| 18 | 12 月 5 日 | 提现金备用(见业务 18) |
| 19 | 12 月 5 日 | 赊购材料并验收入库(见业务 19-1、业务 19-2) |
| 20 | 12 月 5 日 | 预借差旅费(见业务 20) |
| 21 | 12 月 6 日 | 购买材料并验收入库(见业务 21-1 至业务 21-3) |
| 22 | 12 月 6 日 | 产品完工验收入库(见业务 22) |
| 23 | 12 月 7 日 | 在证券交易所卖出“中国太保”4 000 股(见业务 23) |
| 24 | 12 月 7 日 | 支付仓库第二期工程款(见业务 24-1、业务 24-2) |
| 25 | 12 月 7 日 | 生产领用材料(见业务 25-1 至业务 25-5) |

（续表）

| 业务序号 | 日期 | 业　务　内　容 |
|---|---|---|
| 26 | 12月8日 | 偿还欠货款(见业务26) |
| 27 | 12月8日 | 向泉州动力机械公司预收销货款(见业务27-1、业务27-2) |
| 28 | 12月8日 | 上月销售退回(见业务28-1至业务28-4) |
| 29 | 12月9日 | 购买打印纸等办公用品(见业务29-1至业务29-3) |
| 30 | 12月9日 | 向泉州动力机械公司发出商品(见业务30) |
| 31 | 12月9日 | 支付捐款(见业务31-1、务31-2) |
| 32 | 12月10日 | 收到泉州动力机械公司尾款(见业务32) |
| 33 | 12月10日 | 发放11月份工资并结转代扣款项(见业务33-1、业务33-2) |
| 34 | 12月10日 | 银行代扣上月增值税(见业务34) |
| 35 | 12月10日 | 银行代扣上月城市维护建设税、教育费附加等(见业务35-1、业务35-2) |
| 36 | 12月10日 | 银行代扣上月工会经费(见业务36) |
| 37 | 12月10日 | 银行代扣上月社会保险费(见业务37-1至业务37-3) |
| 38 | 12月10日 | 报销职工培训费(见业务38) |
| 39 | 12月10日 | 编制1～10日科目汇总表,登记总账(见业务39-1、业务39-2) |
| 40 | 12月11日 | 购买工作服,并验收入库(见业务40-1至业务40-3) |
| 41 | 12月11日 | 支付银行承兑汇票承兑手续费(见业务41) |
| 42 | 12月11日 | 产品完工验收入库(见业务42) |
| 43 | 12月11日 | 购入材料(见业务43-1至业务43-3) |
| 44 | 12月12日 | 购入一台铣床,直接交付安装(见业务44-1至业务44-4) |
| 45 | 12月12日 | 领用工作服(见业务45) |
| 46 | 12月13日 | 支付铣床安装费(见业务46-1、业务46-2) |
| 47 | 12月13日 | 赊购料未到(见业务47) |
| 48 | 12月13日 | 交纳住房公积金(见业务48) |
| 49 | 12月14日 | 材料入库(见业务49) |
| 50 | 12月14日 | 购货退回(见业务50) |
| 51 | 12月14日 | 经批准核销坏账一笔(见业务51) |
| 52 | 12月15日 | 铣床已安装完毕,交付使用(见业务52) |
| 53 | 12月15日 | 提现金备用(见业务53) |
| 54 | 12月15日 | 报销差旅费(见业务54-1、业务54-2) |
| 55 | 12月16日 | 购入材料(见业务55) |
| 56 | 12月16日 | 销售并收款(见业务56) |
| 57 | 12月17日 | 支付邮政快递费(见业务57) |
| 58 | 12月17日 | 商业承兑汇票到期,收到款项(见业务58) |
| 59 | 12月17日 | 购入包装物(见业务59-1至业务59-3) |
| 60 | 12月17日 | 支付文本制作费(产品宣传单)(见业务60-1、业务60-2) |

（续表）

| 业务序号 | 日期 | 业　务　内　容 |
|---|---|---|
| 61 | 12月17日 | 材料入库(见业务61) |
| 62 | 12月18日 | 领用材料(见业务62-1至业务62-8) |
| 63 | 12月18日 | 支付业务招待费(见业务63-1、业务63-2) |
| 64 | 12月18日 | 支付汽车修理费(见业务64-1、业务64-2) |
| 65 | 12月18日 | 收到本月产成品仓库租金(见业务65-1、业务65-2) |
| 66 | 12月19日 | 产品完工入库(见业务66) |
| 67 | 12月20日 | 收到生产车间工人违章操作罚款(见业务67-1、业务68-2) |
| 68 | 12月20日 | 编制11～20日的科目汇总表，登记总账(见业务68-1、业务68-2) |
| 69 | 12月21日 | 提现金备用(见业务69) |
| 70 | 12月21日 | 发放职工困难补助(见业务70) |
| 71 | 12月21日 | 销售产品，收到商业承兑汇票(见业务71-1至业务71-3) |
| 72 | 12月21日 | 银行转入本公司工商银行存款户的利息收入(见业务72) |
| 73 | 12月22日 | 购入材料(见业务73-1至业务73-2) |
| 74 | 12月22日 | 偿还到期的长期借款(见业务74) |
| 75 | 12月22日 | 将持有的商业承兑汇票办理贴现(见业务75) |
| 76 | 12月23日 | 领用材料(见业务76-1、业务76-2) |
| 77 | 12月23日 | 购入股票(见业务77) |
| 78 | 12月24日 | 支付本月电话费(见业务78-1至业务78-3) |
| 79 | 12月24日 | 产品完工入库(见业务79) |
| 80 | 12月25日 | 车队报销汽油费(见业务80-1、业务80-2) |
| 81 | 12月25日 | 提取现金(见业务81) |
| 82 | 12月26日 | 发放保健费(见业务82) |
| 83 | 12月26日 | 申请报废溶铝炉一台，批准予以报废(见业务83) |
| 84 | 12月26日 | 支付溶铝炉清理费(见业务84-1、业务84-2) |
| 85 | 12月27日 | 支付宽带通讯费(见业务85) |
| 86 | 12月28日 | 报废溶铝炉残料变价出售(见业务86-1、业务86-2) |
| 87 | 12月28日 | 结转固定资产清理净损益(见业务87) |
| 88 | 12月28日 | 赊销产品(见业务88-1至业务88-3) |
| 89 | 12月29日 | 现金盘点，发生长款(见业务89) |
| 90 | 12月30日 | 现金长款转营业外收入(见业务90) |
| 91 | 12月30日 | 支付本月电费(见业务91-1至业务91-3) |
| 92 | 12月30日 | 支付本月水费(见业务92-1至业务92-3) |
| 93 | 12月31日 | 发放车队出车补贴(见业务93-1、业务93-2) |
| 94 | 12月31日 | 汇总“1～31”日“领料单”，编制“发料汇总表”(见业务94-1、业务94-2) |
| 95 | 12月31日 | 进行存货盘点清查，发现盘亏(见业务95) |

（续表）

| 业务序号 | 日期 | 业务内容 |
|---|---|---|
| 96 | 12月31日 | 根据厂部批复，进行核销存货盘亏的账务处理（见业务96） |
| 97 | 12月31日 | 分配本月工资费用（见业务97-1、业务97-2） |
| 98 | 12月31日 | 计算本月应交的社会保险费（见业务98-1至业务98-5） |
| 99 | 12月31日 | 计算本月应负担的工会经费（见业务99-1、业务99-2） |
| 100 | 12月31日 | 结转本月应负担的职工住房公积金（见业务100-1至业务100-3） |
| 101 | 12月31日 | 计算并结转本月应交的增值税（见业务101） |
| 102 | 12月31日 | 计算本月应负担的城乡维护建设税等各项地方税（费）（见业务102） |
| 103 | 12月31日 | 交易性金融资产期末计量（见业务103） |
| 104 | 12月31日 | 按应收账款余额的5‰计提本年度的坏账准备（见业务104） |
| 105 | 12月31日 | 计提存货跌价准备（见业务105） |
| 106 | 12月31日 | 计提固定资产折旧（见业务106） |
| 107 | 12月31日 | 计算应摊销的无形资产（见业务107） |
| 108 | 12月31日 | 摊销本月应负担的报刊征订费及财产保险费（见业务108） |
| 109 | 12月31日 | 计算当月应负担的借款利息费用（见业务109） |
| 110 | 12月31日 | 结转本月发生的职工福利费支出（见业务110） |
| 111 | 12月31日 | 结转本月发生的职工教育经费支出（见业务111） |
| 112 | 12月31日 | 分配辅助生产费用（见业务112-1、业务112-2） |
| 113 | 12月31日 | 将制造费用按生产工时比例分配结转（见业务113-1、业务113-2） |
| 114 | 12月31日 | 编制产品成本计算单，并结转完工入库产品成本（见业务114-1至业务114-5） |
| 115 | 12月31日 | 编制销售产品成本计算单，并结转已销产品的成本（见业务115-1、业务115-2） |
| 116 | 12月31日 | 计算应交的企业所得税（见业务116） |
| 117 | 12月31日 | 将损益类中的支出账户本月净发生额转入“本年利润”账户（见业务117） |
| 118 | 12月31日 | 将损益类中的收入账户的本月净发生额转入“本年利润”账户（见业务118） |
| 119 | 12月31日 | 结转“本年利润”账户（见业务119） |
| 120 | 12月31日 | 按全年净利润的10%提取法定盈余公积金（见业务120） |
| 121 | 12月31日 | 按提取法定盈余公积后可分配利润的40%向投资者分配利润（见业务121） |
| 122 | 12月31日 | 结转“利润分配”有关明细账户的余额（见业务122） |
| 123 | 12月31日 | 编制21～31日科目汇总表，登记总账（见业务123-1、业务123-2） |
| 124 | 12月31日 | 编制试算平衡表，进行期末对账和结账（见业务124-1、业务124-2） |
| 125 | 12月31日 | 编制会计报表（见业务125-1至业务125-4） |

## 二、会计综合模拟实训的原始凭证

以下是模拟企业12月份发生的经济业务，以原始凭证的形式给出，各业务号与模拟企业2018年12月经济业务一览表的业务序号相对应，以下凭证、表格可裁剪、装订。

业务 1

## 工商银行空白凭证领用单

领用日期：2018 年 12 月 1 日

| 领用单位 | 福州安达汽车配件有限公司 | | | 账号 | 789091245008004 | | | |
|---|---|---|---|---|---|---|---|---|
| 凭证名称 | 起始号码 | 讫止号码 | 单位 | 数量 | 单价 | 工本费 | 手续费 | 小计 |
| 现金支票 | 04242651 | 04242675 | 本 | 1 | 20.00 | 5.00 | 15.00 | 20.00 |
| 转账支票 | 12350526 | 12350551 | 本 | 1 | 20.00 | 5.00 | 15.00 | 20.00 |
| 进账单 | | | 本 | 1 | 3.00 | 3.00 | 0.00 | 3.00 |
| | | | | | | | | |
| | | | | | | | | |
| 人民币(大写) | 肆拾叁元整 | | | | 小计 | ￥13.00 | ￥30.00 | ￥43.00 |
| 领用单位经领人签章 | | | | | 身份证号 | | | |
| | | | | | 350106196508182567 | | | |
| | | | | | 陈小艺 | | | |

中国工商银行 福州南山支行 2018.12.1 转讫

业务 2

中国工商银行
现金支票存根

支票号码 №:7472626

附加信息

签发日期 2018 年 12 月 1 日

| | |
|---|---|
| 收款人： | |
| 金　额： | ￥3000.00 |
| 用　途： | 备用金 |
| 备　注： | |

单位主管　　会计 李玲

业务 3

## 上海证券中央登记结算公司

客户名称：福州安达汽车配件有限公司　　　　　　　　日期：2018 年 12 月 1 日

| 601601 | 成交过户交割凭单　　买 |
| --- | --- |
| 股东编号：328475<br>电脑编号：83537<br>公司编号：726 | 成交证券：中国太保<br>成交数量：4 000<br>成交价格：25.00 |
| 申请编号：255<br>申报时间：10:30<br>成交时间：11:50 | 成交金额：100 000.00<br>标准佣金：150.00<br>过户费用：4.00 |
| 上次余额：0(股)<br>本次成交 4 000(股)<br>本次余额：4 000(股)<br>本次库存： | 印花税：<br>应收金额：<br>附加费用：<br>实付金额：100 154 |

（印章：福州南方证券交易所 业务专用章）

③ 通知联

（注：准备用于近期出售）

---

业务 4

## 中国工商银行借款借据 ②

№

| | | | | | | | | | | | | | | | | | | | | |
| --- | --- | --- | --- | --- | --- | --- | --- | --- | --- | --- | --- | --- | --- | --- | --- | --- | --- | --- | --- | --- |
| 借款人 | 福州安达汽车配件有限公司 | 身份证号 | 3 | 5 | 2 | 6 | 2 | 6 | 1 | 9 | 6 | 5 | 0 | 8 | 1 | 8 | 2 | 5 | 6 | 7 |

| | | | | | |
| --- | --- | --- | --- | --- | --- |
| 借款种类 | 短期、中长期 | 借款用途 | 流动资金 | 借款月利率 | 0.452% |
| 贷款账户账号 | 8796025789134825400528 | 存款账户账号 | 091245008004 | | |

| 借款金额(人民币) | 千 | 百 | 十 | 万 | 千 | 百 | 十 | 元 | 角 | 分 |
| --- | --- | --- | --- | --- | --- | --- | --- | --- | --- | --- |
| 伍拾万元整 | | | ¥5 | 0 | 0 | 0 | 0 | 0 | 0 | 0 |

| | | | |
| --- | --- | --- | --- |
| 借款日期 | 2018 年 12 月 1 日 | 还款方式 | 到期一次还本付息 |
| 还款日期 | | 上列贷款已核准并转入你借款人存款户<br>（工商银行财会部门盖章） | |

（印章：中国工商银行福州南山支行 2018.12.1 转讫）

| 年 | 月 | 日 | 金额 |
| --- | --- | --- | --- |
| 2019 | 6 | 1 | 伍拾万元整 |
| | | | |
| | | | |

| | |
| --- | --- |
| 借款人　　（公章）<br>法定代表人　陈高明<br>（委托代理人）　　（签章）<br>经办人　林丽　　（签章） | 贷款人　　（公章或合同专用章）<br>法定代表人　张华<br>（委托代理人）　　（签章）<br>经办人　黄强　　（签章） |

（印章：福州安达汽车配件有限公司；中国工商银行福州南山支行 财务专用章）

借款人债务凭证　入账回单

业务 5-1

# 中国太平洋财产保险股份有限公司

## CHINA PACIFIC PROPERTY INSURANCE CO. LTD.

财产保险综合保险单　　（正本）　No：02—0027572

保险单号：

鉴于　福州安达汽车配件有限公司　（以下称被保险人）已向本公司投保财产保险综合险以及附加险，并按本保险条款约定交纳保险费，本公司持签发本保险单并同意依照财产保险综合险条款和附加险条款及其特别约定条件在本保险单保险责任期限内，承担被保险人下列标的的保险责任。

| 综合险 | 承保标的的项目 | | 标的座落地址 | 以何种价值承保 | 保险金额(元) | 费率(‰) | 保险费(元) |
|---|---|---|---|---|---|---|---|
| | | | 仓山区朝阳路666号厂房 | | 763 200.00 | 0.05% | 381.60 |
| | | | | | | | |
| | 特约保险标的 | | | | | | |
| | | | | | | | |
| | | | | | | | |

总保险金额(大写)　柒拾陆万叁仟贰佰元整　　(小写)￥763 200.00

| 附加险 | 险别 | 承保标的的项目 | 标的座落地址 | 以何种价值承保 | 保险金额(元) | 费率(‰) | 保险费(元) |
|---|---|---|---|---|---|---|---|
| | | | | | | | |
| | | | | | | | |
| | | | | | | | |

总保险费(大写)　叁佰陆拾壹元陆角　　(小写)￥381.60

保险责任期限：自 2018 年 12 月 1 日零时起至 2019 年 12 月 1 日二十四时止

特　别

约　定

注意：

1. 被保险人收到本保险单后请即核对，如有错误立即通知公司。
2. 财产保险投保单、投保标的明细表、风险情况表连同本保险单皆为本保险合同不可分割的组成部分。

中国太平洋财产保险股份有限公司福州分公司
公　章
2018 年 12 月 1 日

（印章：中国太平洋财产保险公司福州分公司）

经理：　　统计：　　会计：　　复核：陈　三　　制单：李　鹏　　核保：

业务 5-2

3503753140

# 福建增值税专用发票

发 票 联

№ 20780423

机器编号:349893332163　　　　开票日期:2018 年 12 月 1 日

| | | | | | | | |
|---|---|---|---|---|---|---|---|
| 购买方 | 名　　称:福州安达汽车配件有限公司<br>纳税人识别号:350101768172805<br>地 址 、电 话:福州市仓山区朝阳路 666 号<br>开户行及账号:中国工商银行福州南山支行 789091245008004 | | | | 密码区 | (略) | |
| 货物或应税劳务、服务名称 | 规格型号 | 单位 | 数量 | 单价 | 金 额 | 税率 | 税 额 |
| *保险服务*企财险 | ** | 批 | | | 360.00 | 6% | 21.60 |
| 合 计 | | | | | ¥360.00 | | ¥21.60 |
| 价税合计(大写) | 叁佰捌拾壹元陆角 | | | | | (小写)¥381.60 | |
| 销售方 | 名　　称:中国太平洋财产保险股份有限公司福州支公司<br>纳税人识别号:91350100665081936M<br>地 址 、电 话:福州市 则徐大道 600 号 83704200<br>开户行及账号:中国工商银行仓山支行 639870271576 | | | | 备注 | 保单号:11989 33177<br>32098 49368 | |

收款人:　　复核:　　开票人:陈 然　　销售单位:(章)

税总函[2015]663号广州东港安全印刷有限公司

第二联 发票联 购货方记账凭证

业务 5-3

## 中国工商银行网上银行电子回执

币种:人民币元　　日期:20181201　　凭证号:673854805

| | | | | | |
|---|---|---|---|---|---|
| 付款人 | 全称 | 福州安达汽车配件有限公司 | 收款人 | 全称 | 中国太平洋财产保险股份有限公司福州分公司 |
| | 账号 | 789091245008004 | | 账号 | 639870271576 |
| | 开户行 | 中国工商银行福州南山支行 | | 开户行 | 中国工商银行仓山支行 |
| 大写金额 | 叁佰捌拾壹元陆角 | | 小写金额 | 381.60 | |
| 用途 | 付保险费 | | 钞汇标志 | 钞 | |
| 摘要 | 自定义 | | | | |

中国工商银行 电子回单专用章

业务 6

## 职工生日代金发放表

2018 年 12 月 2 日

| 序号 | 姓名 | 金额 | 签字 |
|---|---|---|---|
| 1 | 林 丁 | 100 | |
| 2 | 陈志海 | 100 | |
| 3 | 曾示膛 | 100 | |
| 4 | 林读飞 | 100 | |
| 5 | 李江炎 | 100 | |
| 6 | 郭成铭 | 100 | |
| 7 | 陈建伟 | 100 | （略） |
| 8 | 杨秀文 | 100 | 现金付讫 |
| 9 | 陈省幸 | 100 | |
| 10 | 吴玉平 | 100 | |
| 11 | 吴如青 | 100 | |
| 合计 | | ¥1 100.00 | |

复核：林 丁　　制表：李 玲

---

业务 7-1

## 领 料 单

2018 年 12 月 2 日

| 领用部门 | 铸造车间 | | 用途 | 生产活塞 Jetta | | |
|---|---|---|---|---|---|---|
| 类别 | 名称型号 | 计量单位 | 请领数量 | 实发数量 | 单价 | 金额 |
| 原主材料 | 纯铝 A00 | 千克 | 8 000 | 8 000 | | |
| 原主材料 | 硅 | 千克 | 1 000 | 1 000 | | |
| | | | | | | |

②会计记账联

保管：林小燕　　经领人：王 华

业务 7-2

## 领　料　单

2018 年 12 月 2 日

| 领用部门 | 铸造车间 | | 用　　途 | 生产活塞 Jetta | | |
|---|---|---|---|---|---|---|
| 类　　别 | 名称型号 | 计量单位 | 请领数量 | 实发数量 | 单　价 | 金　额 |
| 燃料 | 柴油 0# | 千克 | 1 530 | 1 530 | | |
| 燃料 | 重油 180# | 千克 | 3 060 | 3 060 | | |
| 辅助材料 | 液压油 | 千克 | 168 | 168 | | |

保管：林小燕　　　　经领人：王华

②会计记账联

业务 7-3

## 领　料　单

2018 年 12 月 2 日

| 领用部门 | 加工车间 | | 用　　途 | 生产活塞 Sail | | |
|---|---|---|---|---|---|---|
| 类　　别 | 名称型号 | 计量单位 | 请领数量 | 实发数量 | 单　价 | 金　额 |
| 辅助材料 | 切削液 | 千克 | 30 | 30 | | |
| 包装材料 | 塑料膜 | 千克 | 20 | 20 | | |
| | | | | | | |

保管：林小燕　　　　经领人：王　华

②会计记账联

业务 7-4

## 包装物、低值易耗品出库单

领用部门：加工车间　　2018 年 12 月 2 日　　编号：21

| 编号 | 名称 | 规格 | 计量单位 | 出库数量 | 单价 | 总成本 |
|---|---|---|---|---|---|---|
| B01 | 活塞 Jetta 包装箱 | 595 × 400 × 200 | 只 | 50 | | |
| B03 | 活塞 Sail 包装箱 | 560 × 380 × 190 | 只 | 100 | | |
| | | | | | | |
| | | | | | | |

②会计记账联

经领人：王　华　　保管人：林小燕

业务 8

## 中国工商银行　银行汇票申请书（存根）

申请日期　2018 年 12 月 2 日

| 申请人 | 福州安达汽车配件有限公司 | 收款人 | 上海南通贸易有限公司 |
|---|---|---|---|
| 账号或住址 | 789091245008004 | 账号或住址 | 65709858675081768 |
| 用途 | 支付购货款 | 代理付款行 | 中国工商银行福州市南山支行 |
| 汇票金额 | 人民币（大写）叁拾万元整 | 千 百 十 万 千 百 十 元 角 分 | ¥ 3 0 0 0 0 0 0 0 |

上列款项请从我账户内支付

福州安达汽车配件有限公司 财务专用章　陈明高印

申请人盖章

科　　目（借）________

对方科目（贷）________

转账日期　　年　　月　　日

复核　　记账

此联申请人留存

业务 9

3503753140　　**福建增值税普通发票**　　№ 20780435

发　票　联

机器编号：449893332177　　　　开票日期：2018 年 12 月 2 日

税总函[2015]663号广州东港安全印刷有限公司

| | | | | | | | |
|---|---|---|---|---|---|---|---|
| 购买方 | 名　　称：福州安达汽车配件有限公司<br>纳税人识别号：350101768172805<br>地 址 、电 话：福州市仓山区朝阳路 666 号<br>开户行及账号：中国工商银行福州南山支行 789091245008004 | | | | 密码区 | 现金付讫（略） | |
| 货物或应税劳务、服务名称 | 规格型号 | 单位 | 数量 | 单价 | 金　额 | 税率 | 税　额 |
| 档案盒 | | 批 | | | 291.26 | 3% | 8.74 |
| 装订机 | | 批 | | | 203.88 | 3% | 6.12 |
| 合　计 | | | | | ￥495.14 | | ￥14.86 |
| 价税合计（大写） | 伍佰壹拾元整 | | | | | （小写）￥510.00 | |
| 销售方 | 名　　称：福州新华阳文化用品商店<br>纳税人识别号：35060273594203<br>地 址 、电 话：福州市 则徐大道 389 号 83704200<br>开户行及账号：中国工商银行仓山支行 639870271580 | | | | 备注 | 校验码：66989 33177 32098 49276<br>（章：福州新华阳文化用品商店 35060273594203 发票专用章） | |

第二联　发票联　购货方记账凭证

收款人：　　　复核：　　　开票人：陈　然　　　销售单位：（章）

（注：办公室直接购买报销）

---

业务 10-1

# 福州安达汽车配件有限公司
# 关于同意吸收投资人的决议

按照有关法律、法规，福州安达汽车配件有限公司全体股东于 2018 年 12 月 3 日召开会议研究，决定同意吸收福建天宏机械有限公司为企业投资人。

企业现有注册资本 800 万元，会议同意由福建天宏机械有限公司出资 250 万元，投资完成后企业注册资本达到 1 000 万元。各股东的持股比例确定如下：

福建汽车工业集团公司占总资本的 32%

福州利佳工贸公司占总资本的 28%

企业高层管理员陈高明占总股本的 12%

林力占总股本的 8%。

福建天宏机械有限公司占总资本的 20%

（章：福州安达汽车配件有限公司）

福州安达汽车配件有限公司董事会

2018 年 12 月 3 日

业务 10-2

## 中国工商银行进账单（收账通知）

2018 年 12 月 3 日　　　　　第　　号

| | | | | | |
|---|---|---|---|---|---|
| 收款人 | 全称 | 福州安达汽车配件有限公司 | 付款人 | 全称 | 福建天宏机械有限公司 |
| | 账号 | 789091245008004 | | 账号 | 60218507620338 |
| | 开户银行 | 工商银行福州南山支行 | | 开户银行 | 工商银行宝龙支行 |

| 人民币（大写） | 千 | 百 | 十 | 万 | 千 | 百 | 十 | 元 | 角 | 分 |
|---|---|---|---|---|---|---|---|---|---|---|
| 贰佰伍拾万元整 | ¥ | 2 | 5 | 0 | 0 | 0 | 0 | 0 | 0 | 0 |

| | | | | |
|---|---|---|---|---|
| 票据种类 | 转账支票 | 票据张数 | 1张 | 收款人开户行盖章 |
| 票据号码 | №：8932096 | | | |
| 单位主管 | 会计 | 复核 | 记账 | |

中国工商银行福州南山支行 2018.12.3 转讫

此联是收款人开户行交给收款人的收账通知

---

业务 11-1

3501056138

## 福建增值税专用发票

此联不作报销、扣税凭证使用

全国统一发票监制章 福建 国家税务总局监制

№ 00992860

开票日期：2018 年 12 月 3 日

| | | | |
|---|---|---|---|
| 购买方 | 名　　称：浙江三青机械有限公司<br>纳税人识别号：260101625768172<br>地址、电话：杭州市东风路 123 号 83667552<br>开户行及账号：农行杭州东风支行 0323685007021 | 密码区 | （略） |

| 货物或应税劳务、服务名称 | 规格型号 | 单位 | 数量 | 单价 | 金额 | 税率 | 税额 |
|---|---|---|---|---|---|---|---|
| 活塞 Jetta | | 只 | 10 000 | 21.00 | 210 000.00 | 16% | 33 600.00 |
| 活塞 Sail | | 只 | 5 000 | 16.00 | 80 000.00 | 16% | 12 800.00 |
| 合　计 | | | | | ¥290 000.00 | | ¥46 400.00 |
| 价税合计（大写） | 叁拾叁万陆仟肆佰元整 | | | | （小写）¥336 400.00 | | |

| | | | |
|---|---|---|---|
| 销售方 | 名　　称：福州安达汽车配件有限公司<br>纳税人识别号：350101768172805<br>地址、电话：福州市仓山区朝阳路 666 号<br>开户行及账号：中国工商银行福州南山支行 789091245008004 | 备注 | |

收款人：　　复核：　　开票人：王　青　　销售单位：（章）

税总函[2015]664号海南华鑫实业公司

第一联　记账联　销货方记账凭证

业务 11-2

# 银行承兑汇票　　2　　№ 0091318

签发日期(大写) 贰零壹捌年拾贰月叁日

<table>
<tr><td>出票人名称</td><td>浙江三青机械有限公司</td><td rowspan="3">收款人</td><td>全　称</td><td colspan="3">福州安达汽车配件有限公司</td></tr>
<tr><td>出票人账号</td><td>0323685007021</td><td>账　号</td><td colspan="3">789091245008004</td></tr>
<tr><td>付款行全称</td><td>中国农业银行杭州东风支行</td><td>开户银行</td><td colspan="3">中国工商银行福州南山支行</td></tr>
<tr><td>出票金额</td><td colspan="4">人民币(大写) 叁拾叁万陆仟肆佰元整</td><td colspan="2">千 百 十 万 千 百 十 元 角 分<br>¥ 3 3 6 4 0 0 0 0</td></tr>
<tr><td>汇票到票日(大写)</td><td colspan="2">贰零壹玖年壹月叁日</td><td rowspan="2">付款行</td><td>行号</td><td colspan="2">5661045622</td></tr>
<tr><td>承兑协议编号</td><td colspan="2">20181203255328-5</td><td>地址</td><td colspan="2">杭州市西湖区中山路 119 号</td></tr>
<tr><td colspan="2">本汇票请你行承兑，到期无条件付款。<br>（印章：浙江三青机械有限公司）<br>出票人签章</td><td colspan="3">本汇票已经承兑，到期日由本行付款。<br>（印章：中国农业银行杭州东风支行 汇票专用章 709823）<br>备注：</td><td colspan="2">复核　郭子沫　记账</td></tr>
</table>

此联收款人开户行向承兑行收取票款时作联行往账付出传票

业务 11-3

# 库存商品出库单

2018 年 12 月 3 日　　　　编号：58

| 编号 | 名称及规格 | 计量单位 | 出库数量 | 用　途 |
|---|---|---|---|---|
| 01 | 活塞 Jetta | 只 | 10 000 | 销售 |
| 03 | 活塞 Sail | 只 | 5 000 | 销售 |
| | | | | |

②会计记账联

仓库管理员：林　红　　　　经办人：李心怡

# 注 意 事 项

一、收款人必须将本汇票和解讫通知同时交开户银行,两者缺一无效。

二、本汇票经背书可以转让。

| 被背书人： | 被背书人： |
| --- | --- |
| 背书人签章<br>日期　　年　　月　　日 | 背书人签章<br>日期　　年　　月　　日 |

业务 12-1

3523086801

# 福建增值税专用发票

发　票　联

№20432136

开票日期：2018 年 12 月 3 日

| | | | |
|---|---|---|---|
| 购买方 | 名　　称：福州安达汽车配件有限公司<br>纳税人识别号：350101768172805<br>地 址 、电 话：福州市仓山区朝阳路 666 号<br>开户行及账号：中国工商银行福州南山支行 789091245008004 | 密码区 | （略） |

| 货物或应税劳务、服务名称 | 规格型号 | 单位 | 数量 | 单价 | 金　额 | 税率 | 税　额 |
|---|---|---|---|---|---|---|---|
| 广告费 | | | | | 11 568.00 | 6% | 694.08 |
| 合　计 | | | | | ￥11 568.00 | | ￥694.08 |
| 价税合计（大写） | 壹万贰仟贰佰陆拾贰元零角捌分 | | | | | | （小写）￥12 262.08 |

| | | | |
|---|---|---|---|
| 销售方 | 名　　称：福州市电视台<br>纳税人识别号：350105878654321<br>地 址 、电 话：福州市五一中路 181 号 83537525<br>开户行及账号：工商银行鼓楼支行 5621680216743 | 备注 | 福州市电视台 350105878654321 发票专用章 |

收款人：　　复核：　　开票人：邹友华　　销售单位：（章）

税总函[2015]664号海南华鑫实业公司

第三联 发票联 购货方记账凭证

业务 12-2

中国工商银行
转账支票存根

支票号码　№:6739546806

附加信息

签发日期　2018 年 12 月 3 日

| | |
|---|---|
| 收款人： | 福州市电视台 |
| 金　额： | ￥12 262.08 |
| 用　途： | 本月广告费 |
| 备　注： | |

单位主管　　会计 李　玲

业务 13

# 入 库 单

2018 年 12 月 3 日

| 品种分类 | 原主材料 | | 供应单位 | 泰和合金有限公司 | | |
|---|---|---|---|---|---|---|
| 品　名 | 规　格 | 单　位 | 数　量 | 单　价 | 金　额 | 备　注 |
| 硅 | | 千克 | 1 000 | 13.26 | 13 260.00 | |
| | | | | | | |
| | | | | | | |

保管：林小燕　　　　核算员：

（备注：该入库材料为上月采购）

业务 14-1

2375813140

# 上海增值税专用发票

发　票　联

上海

№ 20780435

开票日期：2018 年 12 月 4 日

税总函[2015]632号上海市印刷有限公司

| 购买方 | 名　　称：福州安达汽车配件有限公司<br>纳税人识别号：350101768172805<br>地 址 、电 话：福州市仓山区朝阳路 666 号<br>开户行及账号：中国工商银行福州南山支行 789091245008004 | 密码区 | （略） |
|---|---|---|---|

| 货物或应税劳务、服务名称 | 规格型号 | 单位 | 数量 | 单价 | 金　额 | 税率 | 税　额 |
|---|---|---|---|---|---|---|---|
| 纯铝 | AOO | 千克 | 15 000 | 17.00 | 255 000.00 | 16% | 40 800.00 |
| 合　计 | | | | | 255 000.00 | | 40 800.00 |
| 价税合计（大写） | 贰拾玖万伍仟捌佰元整 | | | | （小写）¥295 800.00 | | |

| 销售方 | 名　　称：上海南通贸易有限公司<br>纳税人识别号：21090273594203<br>地 址 、电 话：上海市中兴路 381 号 28967525<br>开户行及账号：工商银行中兴支行 6053680215007 | 备注 | 上海南通贸易有限公司<br>21090273594203<br>发票专用章 |
|---|---|---|---|

收款人：　　复核：　　开票人：余　利　　销售单位：（章）

第三联 发票联 购货方记账凭证

业务 14-2

2657110821

# 上海增值税专用发票

发　票　联

№20436312

开票日期：2018 年 12 月 4 日

| | | | | | | | |
|---|---|---|---|---|---|---|---|
| 购买方 | 名　　称：福州安达汽车配件有限公司<br>纳税人识别号：350101768172805<br>地 址 、电 话：福州市仓山区朝阳路 666 号<br>开户行及账号：中国工商银行福州南山支行 789091245008004 | | | | 密码区 | （略） | |
| 货物或应税劳务、服务名称 | 规格型号 | 单位 | 数量 | 单价 | 金额 | 税率 | 税额 |
| 纯铝运输费 | | 千克 | 15 000 | 0.093 | 1 395.00 | 10% | 139.5 |
| 合　计 | | | | | ¥1 395.00 | | ¥139.5 |
| 价税合计（大写） | 壹仟伍佰叁拾肆元伍角 | | | | | | （小写）¥1 534.5 |
| 销售方 | 名　　称：上海市公路货运公司<br>纳税人识别号：230702705379065<br>地 址 、电 话：上海市中华路 753 号 23155258<br>开户行及账号：工商银行中兴支行 626750212132 | | | | 备注 | 上海市公路货运公司 230702705379065 发票专用章 | |

收款人：　　　复核：　　　开票人：林　萧　　　销售单位：（章）

税总函[2015] 632号上海市印刷有限公司

第三联　发票联　购货方记账凭证

业务 14-3

付款期限 壹 个 月

# 中　国　工　商　银　行
## 银行汇票（多余款收账通知）　4

汇票号码

| | | | |
|---|---|---|---|
| 出票日期（大写）贰零壹捌年拾贰月贰日 | | 代理付款行：工行福州南山支行 | 行号：329801 |
| 收款人：上海南通贸易有限公司 | | 账号：65709858675081768 | |
| 出票金额 人民币（大写） | 叁拾万元整 | | |
| 实际结算金额 人民币（大写） | 贰拾玖万柒仟叁佰叁拾肆元伍角 | | ¥297334.50 |
| 申请人：福州安达汽车配件有限公司 | | 账号：789091245008004 | |
| 出票行：工行　行号：329801 | 密押 | | |
| 备注： | 多余金额 ¥26655.0 | | 左列退回多余金额已收入你账户内 |
| 凭票付款<br>出票行签章 | | | |

| 千 | 百 | 十 | 万 | 千 | 百 | 十 | 元 | 角 | 分 |
|---|---|---|---|---|---|---|---|---|---|
| | ¥ | 2 | 9 | 7 | 3 | 3 | 4 | 5 | 0 |

多余金额：

| 千 | 百 | 十 | 万 | 千 | 百 | 十 | 元 | 角 | 分 |
|---|---|---|---|---|---|---|---|---|---|
| | | | ¥ | 2 | 6 | 6 | 5 | 5 | 0 |

中国工商银行 福州南山支行 2018.12.4 转

此联出票行结清多余款后交申请人

业务15

## 关于转销无法支付前欠
## 江西天荣合金公司货款的请示

公司领导：

本公司应付江西天荣合金公司货款13 000元(人民币壹万叁仟元整)，因该公司已经破产倒闭，无法支付。根据有关财务制度的规定，申请将该应付账款转作营业外收入，请批准予以核销。

经研究决定，同意财务部意见。

福州安达汽车配件有限公司

福州安达汽车配件有限公司 财务科

2018年12月4日

业务16-1

## 收　　据

2018年12月4日

| |
|---|
| 今收到：福州安达汽车配件有限公司背书转让票号为№ 0091318的银行承兑汇票(浙江三青机械有限公司签发)壹张，面值叁拾叁万陆仟肆佰元整(￥336 400.00)，抵付前欠材料款。<br>上海南通贸易有限公司 财务专用章<br>领收人：陈乔生 |

业务16-2

| 被背书人：上海南通贸易有限公司 | 被背书人： |
|---|---|
| 福州安达汽车配件有限公司 财务专用章　陈明高印<br>背书人签章<br>日期 2018年12月4日 | 背书人签章<br>日期　　年　　月　　日 |

(注：银行承兑汇票背面复印件)

业务 17

# 入 库 单

2018 年 12 月 5 日

| 品种分类 | 原主材料 | | 供应单位 | | 上海南通贸易有限公司 | |
|---|---|---|---|---|---|---|
| 品 名 | 规 格 | 单 位 | 数 量 | 单 价 | 金 额 | 备 注 |
| 纯铝 | | 千克 | 15 000 | 17.093 | 256 395.00 | |
| | | | | | | |
| | | | | | | |

保管：林小燕　　　　　　　　　　核算员：

业务 18

中国工商银行
现金支票存根

支票号码　　No：7472627

附加信息

签发日期　2018 年 12 月 5 日

| 收款人： |
|---|
| 金　额：￥8 000.00 |
| 用　途：备用金 |
| 备　注： |

单位主管　　　　会计 李　玲

业务 19-1

# 福建增值税专用发票

3509643136

发 票 联

№ 05050780

开票日期：2018 年 12 月 5 日

税总函[2015]664号海南华鑫实业公司

| | | | | | | | |
|---|---|---|---|---|---|---|---|
| 购买方 | 名　　称：福州安达汽车配件有限公司<br>纳税人识别号：350101768172805<br>地 址 、电 话：福州市仓山区朝阳路 666 号<br>开户行及账号：中国工商银行福州南山支行 789091245008004 | | | | 密码区 | （略） | |
| 货物或应税劳务、服务名称 | 规格型号 | 单位 | 数量 | 单价 | 金　额 | 税率 | 税　额 |
| 柴油 | 0＃ | 千克 | 2 000 | 6.46 | 12 920.00 | 16% | 2 067.20 |
| 合　　计 | | | | | ￥12 920.00 | | ￥2 067.20 |
| 价税合计（大写） | 壹万肆仟玖佰捌拾柒元贰角整 | | | | （小写）￥14 987.20 | | |
| 销售方 | 名　　称：厦门联华石化有限公司<br>纳税人识别号：21090273594203<br>地 址 、电 话：厦门市莲前路 172 号　87956686<br>开户行及账号：工商银行厦门莲前支行　3932697085330 | | | | 备注 | 厦门联华石化有限公司 21090273594203 发票专用章 | |

收款人：　　　复核：　　　开票人：黄银花　　　销售单位：（章）

第三联　发票联　购货方记账凭证

业务 19-2

# 入　库　单

2018 年 12 月 5 日

| 品种分类 | 燃　　料 | | 供应单位 | 厦门联华石化有限公司 | | |
|---|---|---|---|---|---|---|
| 品　　名 | 规　格 | 单　位 | 数　量 | 单　价 | 金　额 | 备　注 |
| 柴油 | 0＃ | 千克 | 2 000 | 6.46 | 12 920.00 | |
| | | | | | | |
| | | | | | | |

保管：林小燕　　　　　　核算员

业务 20

# 借　款　单（记账）

2018 年 12 月 5 日　　　　顺序第 18 号

| | | | | | | | |
|---|---|---|---|---|---|---|---|
| 借款单位 | 办公室 | 姓名 | 王天利 | 职务 | 副厂长 | 出差地点 | 上海 |
| | | | | | | 天　数 | 7 |
| 事由 | 开会 | 借款金额 | 人民币（大写）陆仟元整（小写）￥6 000.00 | | | | |
| 借款人签　章 | 王天利 | 注意事项 | 一、由借款人填写；<br>二、凡借用公款必须使用本单据；<br>三、第三联为正式借据由借款人和单位负责人签章；<br>四、出差返回后十日内结算。 | | | | |
| 财　务负责人 | 陈宏江 | 审核意见 | 同意。 现金付讫<br>陈高明<br>2018.12.5 | | | | |

第三联　借款记账凭证

业务 21-1

中国工商银行
转账支票存根

支票号码　　№：6739546807

科　　目

对方科目

签发日期　2018 年 12 月 6 日

| | |
|---|---|
| 收款人：福建燃料有限公司 | |
| 金　额：￥29 580.00 | |
| 用　途：付材料款 | |
| 备　注： | |

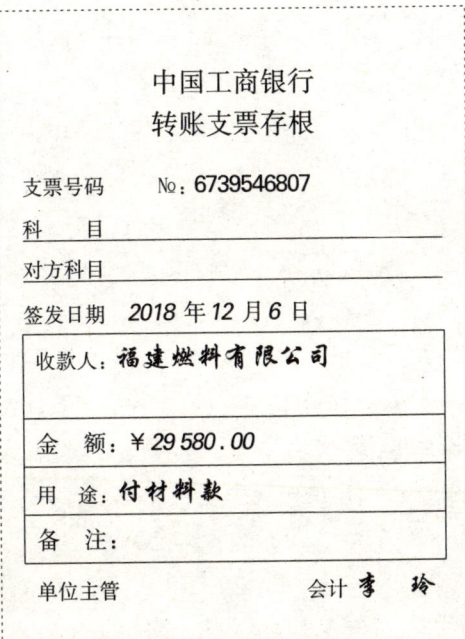

单位主管　　　　　会计 李　玲

业务 21-2

3501254031

# 福建增值税专用发票

发 票 联

№ 00960377

开票日期：2018 年 12 月 6 日

| | | | | | | | |
|---|---|---|---|---|---|---|---|
| 购买方 | 名　　称：福州安达汽车配件有限公司<br>纳税人识别号：350101768172805<br>地 址 、电 话：福州市仓山区朝阳路 666 号<br>开户行及账号：中国工商银行福州南山支行 789091245008004 | | | | 密码区 | （略） | |
| 货物或应税劳务、服务名称 | 规格型号 | 单位 | 数量 | 单价 | 金　额 | 税率 | 税　额 |
| 180# | 180# | 千克 | 6 000 | 4.25 | 25 500.00 | 16% | 4 080.00 |
| 合　计 | | | | | ￥25 500.00 | | ￥4 080.00 |
| 价税合计（大写） | 贰万玖仟伍佰捌拾元整 | | | | | | （小写）￥29 580.00 |
| 销售方 | 名　　称：福建燃料有限公司<br>纳税人识别号：23982106027521<br>地 址 、电 话：福州市连江路 129 号　83756132<br>开户行及账号：工商银行鼓山支行　30432738603952 | | | | 备注 | 福建燃料有限公司 23982106027521 发票专用章 | |

收款人：　　复核：　　开票人：郭小燕　　销售单位：（章）

税总函[2015]664号海南华鑫实业公司

第三联 发票联 购货方记账凭证

业务 21-3

# 入 库 单

2018 年 12 月 6 日

| 品种分类 | 燃　料 | | 供应单位 | 福建燃料有限公司 | | |
|---|---|---|---|---|---|---|
| 品　名 | 规　格 | 单　位 | 数　量 | 单　价 | 金　额 | 备　注 |
| 重油 | 180# | 千克 | 6 000 | 4.25 | 25 500.00 | |
| | | | | | | |
| | | | | | | |

保管：林小燕　　　　核算员：

业务 22

## 库存商品入库单

交库部门：加工车间　　2018 年 12 月 6 日　　编号：88

| 编　号 | 名称及规格 | 计量单位 | 入库数量 | 备　注 |
|---|---|---|---|---|
| 01 | 活塞 Jetta | 只 | 2 000 | 完工入库 |
| 03 | 活塞 Sail | 只 | 13 000 | 完工入库 |
| | | | | |

②会计记账联

质量检验员：李　令　　仓库验收：林　红　　经办人：张庆明

---

业务 23

## 上海证券中央登记结算公司

客户名称：福州安达汽车配件有限公司　　2018 年 12 月 7 日

| 601601 | 成交过户交割凭单　卖 |
|---|---|
| 股东编号：A128463<br>电脑编号：83516<br>公司编号：731 | 成交证券：中国太保<br>成交数量：4 000(股)<br>成交价格：27.10 |
| 申请编号：219<br>申报时间：9:35<br>成交时间：9:50 | 成交金额：108 400.00<br>标准佣金：162.60<br>过户费用： |
| 上次余额：4 000(股)<br>本次成交：4 000(股)<br>本次余额：0(股) | 印花税：108.40<br>应收金额：<br>附加费用： |
| 实收金额：￥108 129.00 | |

（印章：福州南方证券交易所 业务专用章）

③通知联

业务 24-1

# 福建增值税专用发票

3500821711

发　票　联

№ 15089621

开票日期：2018 年 12 月 7 日

| | | | | | | | |
|---|---|---|---|---|---|---|---|
| 购买方 | 名　　称：福州安达汽车配件有限公司<br>纳税人识别号：350101768172805<br>地址、电话：福州市仓山区朝阳路 666 号<br>开户行及账号：中国工商银行福州南山支行 789091245008004 | | | | 密码区 | （略） | |
| 货物或应税劳务、服务名称 | 规格型号 | 单位 | 数量 | 单价 | 金额 | 税率 | 税额 |
| 仓库工程款 | | | | | 200 000.00 | 10% | 20 000.00 |
| 合　　计 | | | | | ¥200 000.00 | | 20 000.00 |
| 价税合计（大写） | 贰拾贰万元整 | | | | （小写）¥220 000.00 | | |
| 销售方 | 名　　称：福州市第二建筑公司<br>纳税人识别号：350602705379065<br>地址、电话：福州市六一中路 253 号　85231258<br>开户行及账号：中国工商银行南山支行 789091245003251 | | | | 备注 | 福州市第二建筑公司 350602705379065 发票专用章 | |

收款人：　　复核：　　开票人：李秀霞　　销售单位：（章）

税总函[2015]664号海南华鑫实业公司

第三联　发票联　购货方记账凭证

---

业务 24-2

# 托收凭证（付款通知）　5

委托日期 2018 年 12 月 7 日　　付款日期 2018 年 12 月 7 日

| | | | | | | |
|---|---|---|---|---|---|---|
| 业务类型 | 委托收款（　邮划　电划）　托收承付（　邮划　√电划） | | | | | |
| 付款人 | 全称 | 福州安达汽车配件有限公司 | 收款人 | 全称 | 福州市第二建筑公司 | |
| | 账号 | 789091245008004 | | 账号 | 789091245003251 | |
| | 地址 | 福建省福州市　开户行 工行南山支行 | | 地址 | 省福州市（县）　开户行 工行南街支行 | |
| 金额 | 人民币（大写） | 贰拾贰万元整 | | 亿千百十万千百十元角分 | ¥ 2 2 0 0 0 0 0 0 | |
| 款项内容 | 工程款 | 托收凭据名称 | | 附寄单证张数 | 1 张 | |
| 商品发运情况 | | 合同名称号码 | | | | |
| 备注：<br>付款人开户银行收到日期<br>2018 年 12 月 7 日 | | 中国工商银行福州南山支行 2018.12.7 转<br>付款人开户银行签章<br>2018 年 12 月 7 日 | | 付款人注意：<br>1. 根据支付结算办法，上列委托收款（托收承付）款项在付款期限内未提出拒付，即视为同意付款，以此代付款通知。<br>2. 如需提出全部或部分拒付，应在规定期限内，将拒付理由书并附债务证明退交开户银行。 | | |

此联付款人开户银行给付款人按期付款通知

业务 25-1

# 领　料　单

2018 年 12 月 7 日

| 领用部门 | 铸造车间 | | 用　　途 | 生产活塞 Jetta | | |
|---|---|---|---|---|---|---|
| 类　　别 | 名称型号 | 计量单位 | 请领数量 | 实发数量 | 单　价 | 金　额 |
| 原主材料 | 纯铝 AOO | 千克 | 6 830 | 6 830 | | |
| 原主材料 | 硅 | 千克 | 910 | 910 | | |
| | | | | | | |

②会计记账联

保管：林小燕　　　　经领人：王　华

业务 25-2

# 领　料　单

2018 年 12 月 7 日

| 领用部门 | 加工车间 | | 用　　途 | 生产活塞 Jetta | | |
|---|---|---|---|---|---|---|
| 类　　别 | 名称型号 | 计量单位 | 请领数量 | 实发数量 | 单　价 | 金　额 |
| 辅助材料 | 切削液 | 千克 | 230 | 230 | | |
| 包装材料 | 塑料膜 | 千克 | 140 | 140 | | |
| | | | | | | |

保管：林小燕　　　　经领人：王　华

业务 25-3

# 领　料　单

2018 年 12 月 7 日

| 领用部门 | 铸造车间 | | 用　　途 | 生产活塞 Santana | | |
|---|---|---|---|---|---|---|
| 类　　别 | 名称型号 | 计量单位 | 请领数量 | 实发数量 | 单　价 | 金　额 |
| 原主材料 | 纯铝 AOO | 千克 | 6 000 | 6 000 | | |
| 原主材料 | 硅 | 千克 | 500 | 500 | | |
| | | | | | | |

保管：林小燕　　　　经领人：王　华

业务 25-4

## 领　料　单

2018 年 12 月 7 日

| 领用部门 | 铸造车间 | | 用　途 | 生产活塞 Santana | | |
|---|---|---|---|---|---|---|
| 类　　别 | 名称型号 | 计量单位 | 请领数量 | 实发数量 | 单　价 | 金　额 |
| 燃料 | 柴油 0# | 千克 | 1 000 | 1 000 | | |
| 燃料 | 重油 180# | 千克 | 2 000 | 2 000 | | |
| 辅助材料 | 液压油 46# | 千克 | 100 | 100 | | |

保管：林小燕　　　　经领人：王　华

业务 25-5

## 领　料　单

2018 年 12 月 7 日

| 领用部门 | 加工车间 | | 用　途 | 生产活塞 Santana | | |
|---|---|---|---|---|---|---|
| 类　　别 | 名称型号 | 计量单位 | 请领数量 | 实发数量 | 单　价 | 金　额 |
| 包装材料 | 塑料膜 | 千克 | 30 | 30 | | |
| | | | | | | |
| | | | | | | |

保管：林小燕　　　　经领人：王　华

业务 25-6

## 包装物、低值易耗品出库单

领用部门：加工车间　　　2018 年 12 月 7 日　　　编号：22

| 编号 | 名　　称 | 规　　格 | 计量单位 | 出库数量 | 单　价 | 总成本 |
|---|---|---|---|---|---|---|
| B01 | 活塞 Jetta 包装箱 | 595 × 400 × 200 | 只 | 220 | | |
| B02 | 活塞 Santana 包装箱 | 580 × 400 × 195 | 只 | 60 | | |
| | | | | | | |

②会计记账联

经领人：王　华　　　　保管人：林小燕

业务 26

## 中国工商银行 电汇凭证（回单）

☐ 普通　☐ 加急　委托日期：2018 年 12 月 8 日

<table>
<tr><td rowspan="3">汇款人</td><td>全　称</td><td>福州安达汽车配件有限公司</td><td rowspan="3">收款人</td><td>全　称</td><td>厦门联华石化有限公司</td></tr>
<tr><td>账　号</td><td>789091245008004</td><td>账　号</td><td>3932697085330</td></tr>
<tr><td>汇出地点</td><td>福建省福州市</td><td>汇入地点</td><td>福建省厦门市</td></tr>
<tr><td colspan="2">汇出行名称</td><td>工商银行福州南山支行</td><td colspan="2">汇入行名称</td><td>工商银行厦门莲前支行</td></tr>
<tr><td>金额</td><td>人民币（大写）</td><td>壹万肆仟玖佰捌拾柒元贰角整</td><td colspan="3">亿 千 百 十 万 千 百 十 元 角 分<br>¥ 1 4 9 8 7 2 0</td></tr>
<tr><td colspan="3" rowspan="2"><br>汇出行签章</td><td colspan="3">支付密码</td></tr>
<tr><td colspan="3">附加信息及用途：偿还货款<br>复核：　记账：</td></tr>
</table>

此联汇出行给汇款人的回单

中国工商银行 福州南山支行 2018.12.8 转讫

业务 27-1

## 购 销 合 同 书

2018 年 12 月 7 日　合同编号：978

<table>
<tr><td colspan="2">购货方名称</td><td colspan="2">泉州动力机械有限公司</td><td>销货方名称</td><td colspan="2">福州安达汽车配件有限公司</td></tr>
<tr><td colspan="2">电话及地址</td><td colspan="2">泉州市西水路 256 号<br>75578352</td><td>电话及地址</td><td colspan="2">福州市仓山区朝阳路 666 号<br>83856611</td></tr>
<tr><td colspan="2">开户银行及账号</td><td colspan="2">工行泉州西水支行<br>23604237021850</td><td>开户银行及账号</td><td colspan="2">工商银行福州南山支行<br>789091245008004</td></tr>
<tr><td>品　名</td><td>型号及规格</td><td>单 位</td><td>数 量</td><td>单 价</td><td>金额</td><td>税(16%)</td></tr>
<tr><td>活塞</td><td>Santana</td><td>只</td><td>5 000</td><td>23.00</td><td>115 000.00</td><td>18 400.00</td></tr>
<tr><td>活塞</td><td>Sail</td><td>只</td><td>10 000</td><td>16.00</td><td>160 000.00</td><td>25 600.00</td></tr>
<tr><td colspan="5">合计(小写) ¥319 000.00</td><td>275 000.00</td><td>44 000.00</td></tr>
<tr><td colspan="7">合计(大写) 叁拾壹万玖仟元整</td></tr>
<tr><td colspan="7">合同条款：1. 交货日期及方式：预付款 80%(255 200.00)到账后 3 天内发货。<br>2. 结算方式：信汇。<br>3. 质量保证：质量不合格 3 个月内可退货。<br>4. 违约责任：购货方货到 3 天内付清尾款，未如期付款，每月按货款及税价总额 6% 支付罚金，销货方不能如期供货将按货款 30% 补付对方。<br><br>购货方：　　　　　　　　销货方：<br>购货方代表签名：林炎强　　销货方代表签名：郑　管</td></tr>
</table>

泉州动力机械有限公司　福州安达汽车配件有限公司 合同专用章

业务 27-2

# 中国工商银行信汇凭证(收账通知)

№ 2587056

委托日期 2018 年 12 月 8 日　　　　第 365 号

| | | | | | | | |
|---|---|---|---|---|---|---|---|
| 汇款人 | 全　称 | 泉州动力机械有限公司 | | 收款人 | 全　称 | 福州安达汽车配件有限公司 | |
| | 账　号 | 23604237021850 | | | 账　号 | 789091245008004 | |
| | 汇出地点 | 福建省泉州市 | 汇出行名称：工行泉州西水支行 | | 汇入地点 | 福建省福州市 | 汇入行名称：工商银行福州南山支行 |

| 人民币(大写) | 千 | 百 | 十 | 万 | 千 | 百 | 十 | 元 | 角 | 分 |
|---|---|---|---|---|---|---|---|---|---|---|
| 贰拾伍万伍仟贰佰元整 | | ¥ | 2 | 5 | 5 | 2 | 0 | 0 | 0 | 0 |

中国工商银行 2018.12.8 转讫

| | |
|---|---|
| 汇款用途：购货预付款 | 科目(借)<br>对方科目(贷)<br>复核　　记账 |
| 上列款项请在本人账户内支付，并按照汇兑结算规定汇给收款人。<br>汇款人盖章 | |

此联收款人开户行在款项收妥后给收款人的收账通知

---

业务 28-1

# 福建增值税专用发票

3501056138

销项负数

全国统一发票监制章 福建 国家税务总局监制

此联不作报销、扣税凭证使用

№ 0992861

开票日期：2018 年 12 月 8 日

| | | |
|---|---|---|
| 购买方 | 名　　称：福州正大机械有限公司<br>纳税人识别号：350113215697648<br>地 址 、电 话：福州市古田路 328 号 87956686<br>开户行及账号：工商银行南门支行 32703386950432 | 密码区：(略) |

| 货物或应税劳务、服务名称 | 规格型号 | 单位 | 数量 | 单价 | 金　额 | 税率 | 税　额 |
|---|---|---|---|---|---|---|---|
| 活塞 Sail | | 只 | −500 | 16.00 | −8 000.00 | 16% | −1 280.00 |
| 合　计 | | | | | ¥−8 000.00 | | ¥−1 280.00 |
| 价税合计(大写) | (负数)玖仟贰佰捌拾元整 | | | | | | (小写)¥−9 280.00 |

| | | |
|---|---|---|
| 销售方 | 名　　称：福州安达汽车配件有限公司<br>纳税人识别号：350101768172805<br>地 址 、电 话：福州市仓山区朝阳路 666 号<br>开户行及账号：中国工商银行福州南山支行 789091245008004 | 备注：对应正数发票代码：3501097023<br>号码：01030615 |

收款人：　　复核：　　开票人：王　青　　销售单位：(章)

(注：此项销售退回的原销售时间为 2018 年 11 月 28 日)

税总函[2015]664号海南华鑫实业公司

第一联　记账联　销售方记账凭证

业务 28-2

中国工商银行
转账支票存根

支票号码　　№：6739546808

科　　目

对方科目

签发日期　2018 年 12 月 8 日

| | |
|---|---|
| 收款人： | 福州正大机械有限公司 |
| 金　额： | ¥9 280.00 |
| 用　途： | 退货款 |
| 备　注： | |

单位主管　　　　会计 李　玲

业务 28-3

查询编号：0102320005203078　　　　付款人编码：208910300015

# 企业进货退出及索取折让证明单

仓山区国税退折证字〔2018〕第 000183 号

| 销售单位 | 全　　称 | 福州安达汽车配件有限公司 | | | | | |
|---|---|---|---|---|---|---|---|
| | 付款人识别号 | 350101453122805 | | | | | |
| 标志 | 货物名称 | 单　价 | 数　量 | 金　额 | 税　额 | 折让金额 | 折让税额 |
| 退回 | 活塞 Sail | 16 | 500 | 8 000.00 | 1 280.00 | | |
| | | | | | | | |
| 退货或索取折让理由 | 发货有误，要求退货。<br>经 办 人：罗强海<br>单位签章：<br>2018 年 12 月 18 日 | | | 税务征收机关签章 | 经办人：王　群<br>2018 年 12 月 18 日 | | |
| 购货单位 | 全　　称 | 福州正大机械有限公司 | | | | | |
| | 付款人识别 | 350113215697648 | | | | | |

第二联　交销货单位

本表一式三份，一份付款人留存，一份购货单位留存，一份税务机关留存

业务 28-4

# 库存商品入库单

交库部门：销售科　　　　2018 年 12 月 8 日　　　　编号：89

| 编 号 | 名称及规格 | 计量单位 | 入库数量 | 备 注 |
|---|---|---|---|---|
| 03 | 活塞 Sail | 只 | 500 | 销售退回 |
| | | | | |
| | | | | |

②会计记账联

质量检验员：李 令　　　　仓库验收：林 红　　　　经办人：李 同

业务 29-1

3500821711

# 福建增值税专用发票

发 票 联

№ 15089621

开票日期：2018 年 12 月 9 日

| 购买方 | 名 称：福州安达汽车配件有限公司<br>纳税人识别号：350101768172805<br>地 址 、电 话：福州市仓山区朝阳路 666 号<br>开户行及账号：中国工商银行福州南山支行 789091245008004 | | | | | 密码区 | （略） |
|---|---|---|---|---|---|---|---|
| 货物或应税劳务、服务名称 | 规格型号 | 单位 | 数量 | 单价 | 金 额 | 税率 | 税 额 |
| 打印纸 | A4 | 箱 | 15 | 160.00 | 2 400.00 | 16% | 384.00 |
| 计算器 | B-124 | 台 | 15 | 80.00 | 1 200.00 | 16% | 192.00 |
| 合 计 | | | | | ¥3 600.00 | | ¥576.00 |
| 价税合计（大写） | 肆仟壹佰柒拾陆元整 | | | | | | （小写）¥4 176.00 |
| 销售方 | 名 称：福州新华阳百货商场<br>纳税人识别号：35060273594203<br>地 址 、电 话：福州市台海路 13 号 85231258<br>开户行及账号：建设银行台江支行 627502121326 | | | | | 备注 | 福州新华阳百货商场 35060273594203 发票专用章 |

收款人：　　　　复核：　　　　开票人：李 霞　　　　销售单位：（章）

第三联 发票联 购货方记账凭证

税总函[2015]664号海南华鑫实业公司

业务 29-2

中国工商银行
转账支票存根

支票号码　№：6739546809

科　目

对方科目

签发日期　2018 年 12 月 9 日

| | |
|---|---|
| 收款人：福州新华阳百货商场 | |
| 金　额：¥4 176.00 | |
| 用　途：购办公用品 | |
| 备　注： | |

单位主管　　　　会计 李　玲

业务 29-3

## 办公用品领用单

2018 年 12 月 9 日

| 领用车间、部门 | 领用数量 | | 金　额 |
|---|---|---|---|
| | 打印纸 | 计算器 | |
| 管理部门 | 7 | 6 | 1 600.00 |
| 销售部门 | 4 | 5 | 1 040.00 |
| 铸造车间 | 1 | 1 | 240.00 |
| 加工车间 | 1 | 1 | 240.00 |
| 机修车间 | 1 | 1 | 240.00 |
| 车队 | 1 | 1 | 240.00 |
| 合　计 | 15 | 15 | 3 600.00 |

制表人：黄　玲　　　　经办人：马　红

业务 30-1

3501056138

# 福建增值税专用发票

此联不作报销、扣税凭证使用

№ 00992862

开票日期：2018 年 12 月 9 日

税总函[2015]664号海南华鑫实业公司

| 购买方 | 名　　称：泉州动力机械有限公司<br>纳税人识别号：352501681725321<br>地 址 、电 话：泉州市西水路 256 号 75578352<br>开户行及账号：工行泉州西水支行 23604237021850 | 密码区 | （略） | | | |
|---|---|---|---|---|---|---|
| 货物或应税劳务、服务名称 | 规格型号 | 单位 | 数量 | 单价 | 金　额 | 税率 | 税　额 |
| 活塞 Santana | | 只 | 5 000 | 23.00 | 115 000.00 | 16% | 18 400.00 |
| 活塞 Sail | | 只 | 10 000 | 16.00 | 160 000.00 | 17% | 25 600.00 |
| 合　计 | | | | | ¥275 000.00 | | ¥44 000.00 |
| 价税合计（大写） | 叁拾壹万玖仟元整 | | | | （小写）¥319 000.00 | | |
| 销售方 | 名　　称：福州安达汽车配件有限公司<br>纳税人识别号：350101768172805<br>地 址 、电 话：福州市仓山区朝阳路 666 号<br>开户行及账号：中国工商银行福州南山支行 789091245008004 | 备注 | | | | |

收款人：　　复核：　　开票人：王　青　　销售单位：（章）

第一联 记账联 销售方记账凭证

业务 30-2

# 库存商品出库单

2018 年 12 月 9 日　　编号：59

| 编号 | 名称及规格 | 计量单位 | 出库数量 | 用　途 |
|---|---|---|---|---|
| 02 | 活塞 Santana | 只 | 5 000 | 销售 |
| 03 | 活塞 Sail | 只 | 10 000 | 销售 |
| | | | | |

仓库管理员：林　红　　经办人：李心怡

② 会计记账联

业务 31-1

# 收　据

2018 年 12 月 9 日

今收到：福州安达汽车配件有限公司

交来　救灾捐赠款

合计人民币叁万元整　¥：30 000.00

开票单位（公章）　会计：梁友志　收款人：李　心

福州市减灾委员会 财务专用章

第二联 交款凭证

业务 31-2

中国工商银行
转账支票存根

支票号码 №：6739546810

附加信息

签发日期 2018 年 12 月 9 日

| | |
|---|---|
| 收款人： | 福州市减灾委员会 |
| 金　额： | ￥30 000.00 |
| 用　途： | 救灾款 |
| 备　注： | |

单位主管　　　　会计 李　玲

业务 32

## 中国工商银行信汇凭证(收账通知)

№ 2597560

委托日期 2018 年 12 月 10 日　　　　第 659 号

| | | | | | | | | |
|---|---|---|---|---|---|---|---|---|
| 汇款人 | 全　称 | 泉州动力机械有限公司 | | | 收款人 | 全　称 | 福州安达汽车配件有限公司 | | |
| | 账　号 | 23604237021850 | | | | 账　号 | 789091245008004 | | |
| | 汇出地点 | 福建省 泉州市 | 汇出行名　称 | 工行泉州西水支行 | | 汇入地点 | 福建省 福州市 | 汇入行名　称 | 工商银行福州南山支行 |

| 人民币(大写) | 千 | 百 | 十 | 万 | 千 | 百 | 十 | 元 | 角 | 分 |
|---|---|---|---|---|---|---|---|---|---|---|
| 陆万叁仟捌佰元整 | | | ￥ | 6 | 3 | 8 | 0 | 0 | 0 | 0 |

| | |
|---|---|
| 汇款用途：付购货尾款 | 科目(借)………… |
| 上列款项请在本人账户内支付，并按照汇兑结算规定汇给收款人。<br>汇款人盖章 | 对方科目(贷)…………<br>复核　　　　记账 |

（印章：中国工商银行 福州南山支行 2018.12.10 转讫）

此联收款人开户行在款项收妥后给收款人的收账通知

业务 33-1

中国工商银行
现金支票存根

支票号码　No：7472628

附加信息

签发日期　2018 年 12 月 10 日

| | |
|---|---|
| 收款人： | |
| 金　额：￥598 031.61 | |
| 用　途：发工资 | |
| 备　注： | |

单位主管　　会计 李　玲

业务 33-2

# 工 资 结 算 单

2018 年 11 月　　单位:元

| 序号 | 姓名 | 基本工资 | 综合奖金 | 津贴 | 缺勤应扣工资 | 应付工资 | 代扣款项 | | | | | 实发工资 |
|---|---|---|---|---|---|---|---|---|---|---|---|---|
| | | | | | | | 个人所得税 | 养老保险 | 失业保险 | 医疗保险 | 住房公积金 | |
| 1 | 陈高明 | 4 500.00 | 950.00 | 1 397.50 | 35.00 | 6 812.50 | 176.70 | 360.00 | 22.50 | 90.00 | 450.00 | 5 713.30 |
| 2 | 林力 | 4 200.00 | 875.00 | 1 370.00 | | 6 445.00 | 167.52 | 336.00 | 21.00 | 84.00 | 420.00 | 5 416.48 |
| … | … | … | … | … | … | … | … | … | … | … | … | … |
| … | … | … | … | … | … | … | … | … | … | … | … | … |
| … | … | … | … | … | … | … | … | … | … | … | … | … |
| 138 | 郭林道 | 1 800.00 | 750.00 | 935.00 | 0.00 | 3 485.00 | 0.00 | 144.00 | 9.00 | 72.89 | 180.00 | 3 079.11 |
| 合计 | | 408 994.97 | 98 483.42 | 162 546.61 | 4 660.00 | 665 365.00 | 3 219.20 | 23 358.40 | 1 459.90 | 10 097.89 | 29 198.00 | 598 031.61 |

制表人：黄　玲

业务 34

# 福建省税收库行横向联网电子缴税(费)凭证

征收机关：福州市仓山区国税　　　　国税

收款国库：福州市中心支库　　填发日期：20181210　　电子缴税号：350107030134289

| | | | | |
|---|---|---|---|---|
| 纳税人识别码：350101768172805 | | | 纳税人账户名称：福州安达汽车配件有限公司 | |
| 纳税人名称：福州安达汽车配件有限公司 | | | 纳税人账号：789091245008004 | |
| 税款限缴期：20181215 | | | 纳税人开户银行：工商银行 | |
| 缴款书交易号 | 预算科目代码 | 预算级次 | 税(费)种税目 | 金额 |
| 50106030139428 | 010106 | 共享 | 增值税(制造业) | ¥187 000.00 |
| 纳税金额合计　大写：人民币壹拾捌万柒仟元整 | | | | 小写：¥187 000.00 |
| 上列款项已划缴：　扣缴日期：20181210 | | | | |
| 税款所属期：20181101—20181130 | | | 银行盖章：　经办： | |

中国工商银行 福州南山支行 2018.12.10 转讫

打印次数：1　　　　打印日期：20181210

业务 35-1

# 福建省税收库行横向联网电子缴税(费)凭证

征收机关：福州市仓山区地税

收款国库：福州市中心支库　　填发日期：20181210　　电子缴税号：350134207038901

| | | | | |
|---|---|---|---|---|
| 纳税人识别码：3501020121852 | | | 纳税人账户名称：福州安达汽车配件有限公司 | |
| 纳税人名称：福州安达汽车配件有限公司 | | | 纳税人账号：789091245008004 | |
| 税款限缴期：20181215 | | | 纳税人开户银行：工商银行 | |
| 缴款书交易号 | 预算科目代码 | 预算级次 | 税(费)种税目 | 金额 |
| 10110150923 | 1010908 | 市级 | 城市维护建设税—市区(增值税附征) | ¥13 090.00 |
| 10110150924 | 1030127 | 市级 | 教育费附加—增值税附征 | ¥5 610.00 |
| 10110150925 | 1030127 | 市级 | 地方教育费附加—增值税附征 | ¥1 870.00 |
| 10110150926 | 1011119 | 市级 | 印花税—购销合同 | ¥612.36 |
| 纳税金额合计　大写：人民币贰万壹仟壹佰捌拾贰元叁角陆分 | | | | 小写：¥21 182.36 |
| 上列款项已划缴：　扣缴日期：20181210 | | | | |
| 税款所属期：20181101—20181130 | | | 银行盖章：　经办： | |

中国工商银行 福州南山支行 2018.12.10 转讫

打印次数：1　　　　打印日期：20181210

业务 35-2

# 福建省税收库行横向联网电子缴税(费)凭证

征收机关：福州市仓山区地税　　　　　　　　　　　　　　　　地税

收款国库：福州市中心支库　　填发日期：20181210　　电子缴税号：350134207048248

| | | | | |
|---|---|---|---|---|
| 纳税人识别码：350107705112469 | | 纳税人账户名称：福州安达汽车配件有限公司 | | |
| 纳税人名称：福州安达汽车配件有限公司 | | 纳税人账号：789091245008004 | | |
| 税款限缴期：20181215 | | 纳税人开户银行：工商银行 | | |
| 缴款书交易号 | 预算科目代码 | 预算级次 | 税(费)种税目 | 金额 |
| 101060427 | 101060109 | 共享 | 个人所得税——工资薪金 | ¥3 219.20 |
| 纳税金额合计　大写：人民币叁仟贰佰壹拾玖元贰角整 | | | | 小写：¥3 219.20 |
| 上列款项已划缴：　扣缴日期：20181210 | | | | |
| 税款所属期：20181101—20181130 | | 银行盖章： | 经办： | |

中国工商银行福州南山支行 2018.12.10 转讫

打印次数：1　　　　　　　　　　　　打印日期：20181210

业务 36

# 福建省税收库行横向联网电子缴税(费)凭证

征收机关：福州市仓山区地税　　　　　　　　　　　　　　　　地税

收款国库：福州市中心支库　　填发日期：20181210　　电子缴税号：350134207048267

| | | | | |
|---|---|---|---|---|
| 纳税人识别码：350107705112469 | | 纳税人账户名称：福州安达汽车配件有限公司 | | |
| 纳税人名称：福州安达汽车配件有限公司 | | 纳税人账号：789091245008004 | | |
| 税款限缴期：20181215 | | 纳税开户银行：工商银行 | | |
| 缴款书交易号 | 预算科目代码 | 预算级次 | 税(费)种税目 | 金额 |
| 103374027 | 103029901 | 市级 | 工会经费——地方工会 | 2 335.84 |
| 纳税金额合计　大写：人民币贰仟叁佰叁拾伍元捌角肆分 | | | | 小写：¥2 335.84 |
| 上列款项已划缴：　扣缴日期：20181210 | | 税票号码：350102108890030058 | | |
| 税款所属期：20181101—20181130 | | 银行盖章： | 经办： | |

中国工商银行福州南山支行 2018.12.10 转讫

打印次数：1　　　　　　　　　　　　打印日期：20181210

# 会计基础工作规范

**(1996年6月17日财政部财会字19号发布)**

## 第一章　总　　则

**第一条**　为了加强会计基础工作,建立规范的会计工作秩序,提高会计工作水平,根据《中华人民共和国会计法》的有关规定,制定本规范。

**第二条**　国家机关、社会团体、企业、事业单位、个体工商户和其他组织的会计基础工作,应当符合本规范的规定。

**第三条**　各单位应当依据有关法律、法规和本规范的规定,加强会计基础工作,严格执行会计法规制度,保证会计工作依法有序地进行。

**第四条**　单位领导人对本单位的会计基础工作负有领导责任。

**第五条**　各省,自治区、直辖市财政厅(局)要加强对会计基础工作的管理和指导,通过政策引导、经验交流、监督检查等措施,促进基层单位加强会计基础工作,不断提高会计工作水平。国务院各业务主管部门根据职责权限管理本部门的会计基础工作。

## 第二章　会计机构和会计人员

### 第一节　会计机构设置和会计人员配备

**第六条**　各单位应当根据会计业务的需要设置会计机构;不具备单独设置会计机构条件的,应当在有关机构中配备人员。事业行政单位会计机构的设置和会计人员的配备,应当符合国家统一事业行政单位会计制度的规定。设置会计机构,应当配备会计机构负责人;在有关机构中配备专职会计人员,应当在专职会计人员中指定会计主管人员。会计机构负责人、会计主管人员的任免,应当符合《中华人民共和国会计法》和有关法律的规定。

**第七条**　会计机构负责人、会计主管人员应当具备下列基本条件:

(一) 坚持原则,廉洁奉公;

(二) 具有会计专业技术资格;

(三) 主管一个单位或者单位内一个重要方面的财务会计工作时间不少于2年;

(四) 熟悉国家财经法律、法规、规章和方针、政策,掌握本行业业务管理的有关知识;

(五) 有较强的组织能力;

(六) 身体状况能够适应本职工作的要求。

**第八条**　没有设置会计机构和配备会计人员的单位,应当根据《代理记账管理暂行办法》委托会计师事务所或者持有代理记账许可证书的其他代理记账机构进行代理记账。

**第九条** 大、中型企业、事业单位、业务主管部门应当根据法律和国家有关规定设置总会计师。总会计师由具有会计师以上专业技术资格的人员担任。总会计师行使《总会计师条例》规定的职责、权限。总会计师的任命(聘任)、免职(解聘)依照《总会计师条例》和有关法律的规定办理。

**第十条** 各单位应当根据会计业务需要配备持有会计证的会计人员。未取得会计证的人员,不得从事会计工作。

**第十一条** 各单位应当根据会计业务需要设置会计工作岗位。会计工作岗位上一般可分为:会计机构负责人或者会计主管人员,出纳,财产物资核算,工资核算,成本费用核算;开展会计电算化和管理会计的单位,可以根据需要设置相应工作岗位,也可以与其他工作岗位相结合。

**第十二条** 会计工作岗位,可以一人一岗、一人多岗或者一岗多人。但出纳人员不得兼管审核、会计档案保管和收入、费用、债权债务账目的登记工作。

**第十三条** 会计人员的工作岗位应当有计划地进行轮换。

**第十四条** 会计人员应当具备必要的专业知识和专业技能,熟悉国家有关法律、法规,规章和国家统一会计制度,遵守职业道德。会计人员应当按照国家有关规定参加会计业务的培训。各单位应当合理安排会计人员的培训,保证会计人员每年有一定时间用于学习和参加培训。

**第十五条** 各单位领导人应当支持会计机构、会计人员依法行使职权;对忠于职守,坚持原则,做出显著成绩的会计机构、会计人员,应当给予精神的和物质的奖励。

**第十六条** 国家机关、国有企业、事业单位任用会计人员应当实行回避制度。单位领导人的直系亲属不得担任本单位的会计机构负责人、会计主管人员。会计机构负责人,会计主管人员的直系亲属不得在本单位会计机构中担任出纳工作。需要回避的直系亲属为:夫妻关系、直系血亲关系、三代以内旁系血亲以及配偶亲关系。

## 第二节 会计人员职业道德

**第十七条** 会计人员在会计工作中应当遵守职业道德,树立良好的职业品质、严谨的工作作风,严守工作纪律,努力提高工作效率和工作质量。

**第十八条** 会计人员应当热爱本职工作,努力钻研业务,使自己的知识和技能适应所从事工作的要求。

**第十九条** 会计人员应当熟悉财经法律、法规、规章和国家统一会计制度,并结合会计工作进行广泛宣传。

**第二十条** 会计人员应当按照会计法律、法规和国家统一会计制度规定的程序和要求进行会计工作,保证所提供的会计信息合法、真实、准确、及时、完整。

**第二十一条** 会计人员办理会计事务应当实事求是、客观公正。

**第二十二条** 会计人员应当熟悉本单位的生产经营和业务管理情况,运用掌握的会计信息和会计方法,为改善单位内部管理、提高经济效益服务。

**第二十三条** 会计人员应当保守本单位的商业秘密。除法律规定和单位领导人同意外,不能私自向外界提供或者泄露单位的会计信息。

**第二十四条**　财政部门、业务主管部门和各单位应当定期检查会计人员遵守职业道德的情况，并作为会计人员晋升、晋级、聘任专业职务、表彰奖励的重要考核依据。会计人员违反职业道德的，由所在单位进行处罚；情节严重的，由会计证发证机关吊销其会计证。

## 第三节　会计工作交接

**第二十五条**　会计人员工作调动或者因故离职，必须将本人所经管的会计工作全部移交给接替人员。没有办清交接手续的，不得调动或者离职。

**第二十六条**　接替人员应当认真接管移交工作，并继续办理移交的未了事项。

**第二十七条**　会计人员办理移交手续前，必须及时做好以下工作：

（一）已经受理的经济业务尚未填制会计凭证的，应当填制完毕。

（二）尚未登记的账目，应当登记完毕，并在最后一笔余额后加盖经办人员印章。

（三）整理应该移交的各项资料，对未了事项写出书面材料。

（四）编制移交清册，列明应当移交的会计凭证、会计账簿、会计报表、印章、现金、有价证券、支票簿、发票、文件、其他会计资料和物品等内容；实行会计电算化的单位，从事该项工作的移交人员还应当在移交清册中列明会计软件及密码、会计软件数据磁盘（磁带等）及有关资料、实物等内容。

**第二十八条**　会计人员办理交接手续，必须有监交人负责监交。一般会计人员交接，由单位会计机构负责人、会计主管人员负责监交；会计机构负责人、会计主管人员交接，由单位领导人负责监交，必要时可由上级主管部门派人会同监交。

**第二十九条**　移交人员在办理移交时，要按移交清册逐项移交；接替人员要逐项核对点收。

（一）现金、有价证券要根据会计账簿有关记录进行点交。库存现金、有价证券必须与会计账簿记录保持一致。不一致时，移交人员必须限期查清。

（二）会计凭证、会计账簿、会计报表和其他会计资料必须完整无缺。如有短缺，必须查清原因，并在移交清册中注明，由移交人员负责。

（三）银行存款账户余额要与银行对账单核对，如不一致，应当编制银行存款余额调节表调节相符，各种财产物资和债权债务的明细账户余额要与总账有关账户余额核对相符；必要时，要抽查个别账户的余额，与实物核对相符，或者与往来单位、个人核对清楚。

（四）移交人员经管的票据、印章和其他实物等，必须交接清楚；移交人员从事会计电算化工作的，要对有关电子数据在实际操作状态下进行交接。

**第三十条**　会计机构负责人、会计主管人员移交时，还必须将全部财务会计工作、重大财务收支和会计人员的情况等，向接替人员详细介绍。对需要移交的遗留问题，应当写出书面材料。

**第三十一条**　交接完毕后，交接双方和监交人员要在移交清册上签名或者盖章，并应在移交清册上注明：单位名称，交接日期，交接双方和监交人员的职务、姓名，移交清册页数以及需要说明的问题和意见等。移交清册一般应当填制一式三份，交接双方各执一份，存档一份。

**第三十二条**　接替人员应当继续使用移交的会计账簿，不得自行另立新账，以保持会计记录的连续性。

**第三十三条**　会计人员临时离职或者因病不能工作且需要接替或者代理的，会计机构负责人、会计主管人员或者单位领导人必须指定有关人员接替或者代理，并办理交接手续。临时离职或者因病不能工作的会计人员恢复工作的，应当与接替或者代理人员办理交接手续。移交人员因病或者其他特殊原因不能亲自办理移交的，经单位领导人批准，可由移交人员委托他人代办移交，但委托人应当承担本规范第三十五条规定的责任。

**第三十四条**　单位撤销时，必须留有必要的会计人员，会同有关人员办理清理工作，编制决算。未移交前，不得离职。接收单位和移交日期由主管部门确定。单位合并、分立的，其会计工作交接手续比照上述有关规定办理。

**第三十五条**　移交人员对所移交的会计凭证、会计账簿、会计报表和其他有关资料的合法性、真实性承担法律责任。

# 第三章　会 计 核 算

## 第一节　会计核算一般要求

**第三十六条**　各单位应当按照《中华人民共和国会计法》和国家统一会计制度的规定建立会计账册，进行会计核算，及时提供合法、真实、准确、完整的会计信息。

**第三十七条**　各单位发生的下列事项，应当及时办理会计手续、进行会计核算：

（一）款项和有价证券的收付；

（二）财物的收发、增减和使用；

（三）债权债务的发生和结算；

（四）资本、基金的增减；

（五）收入、支出、费用、成本的计算；

（六）财务成果的计算和处理；

（七）其他需要办理会计手续、进行会计核算的事项。

**第三十八条**　各单位的会计核算应当以实际发生的经济业务为依据，按照规定的会计处理方法进行，保证会计指标的口径一致、相互可比和会计处理方法的前后各期相一致。

**第三十九条**　会计年度自公历1月1日起至12月31日止。

**第四十条**　会计核算以人民币为记账本位币。收支业务以外国货币为主的单位，也可以选定某种外国货币作为记账本位币，但是编制的会计报表应当折算为人民币反映。境外单位向国内有关部门编报的会计报表，应当折算为人民币反映。

**第四十一条**　各单位根据国家统一会计制度的要求，在不影响会计核算要求、会计报表指标汇总和对外统一会计报表的前提下，可以根据实际情况自行设置和使用会计科目。事业行政单位会计科目的设置和使用，应当符合国家统一事业行政单位会计制度的规定。

**第四十二条**　会计凭证、会计账簿、会计报表和其他会计资料的内容和要求必须符合国家统一会计制度的规定，不得伪造、变造会计凭证和会计账簿，不得设置账外账，不得报送虚假会计报表。

**第四十三条**　各单位对外报送的会计报表格式由财政部统一规定。

**第四十四条**　实行会计电算化的单位，对使用的会计软件及其生成的会计凭证、会计账簿。会计报表和其他会计资料的要求，应当符合财政部关于会计电算化的有关规定。

**第四十五条**　各单位的会计凭证、会计账簿、会计报表和其他会计资料，应当建立档案，妥善保管。会计档案建档要求、保管期限、销毁办法等依据《会计档案管理办法》的规定进行。实行会计电算化的单位，有关电子数据、会计软件资料等应当作为会计档案进行管理。

**第四十六条**　会计记录的文字应当使用中文，少数民族自治地区可以同时使用少数民族文字。中国境内的外商投资企业、外国企业和其他外国经济组织也可以同时使用某种外国文字。

## 第二节　填制会计凭证

**第四十七条**　各单位办理本规范第三十七条规定的事项，必须取得或者填制原始凭证，并及时送交会计机构。

**第四十八条**　原始凭证的基本要求是：

（一）原始凭证的内容必须具备：凭证的名称；填制凭证的日期；填制凭证单位名称或者填制人姓名；经办人员的签名或者盖章；接受凭证单位名称；经济业务内容；数量、单价和金额。

（二）从外单位取得的原始凭证，必须盖有填制单位的公章；从个人取得的原始凭证，必须有填制人员的签名或者盖章。自制原始凭证必须有经办单位领导人或者其指定的人员签名或者盖章。对外开出的原始凭证，必须加盖本单位公章。

（三）凡填有大写和小写金额的原始凭证，大写与小写金额必须相符。购买实物的原始凭证，必须有验收证明。支付款项的原始凭证。必须有收款单位和收款人的收款证明。

（四）一式几联的原始凭证，应当注明各联的用途，只能以一联作为报销凭证。一式几联的发票和收据，必须用双面复写纸(发票和收据本身具备复写纸功能的除外)套写，并连续编号。作废时应当加盖“作废”戳记，连同存根一起保存，不得撕毁。

（五）发生销货退回的，除填制退货发票外，还必须有退货验收证明；退款时，必须取得对方的收款收据或者汇款银行的凭证，不得以退货发票代替收据。

（六）职工公出借款凭据，必须附在记账凭证之后。收回借款时，应当另开收据或者退还借据副本，不得退还原借款收据。

（七）经上级有关部门批准的经济业务，应当将批准文件作为原始凭证附件：如果批准文件需要单独归档的，应当在凭证上注明批准机关名称、日期和文件字号。

**第四十九条**　原始凭证不得涂改、挖补。发现原始凭证有错误的，应当由开出单位重开或者更正，更正处应当加盖开出单位的公章。

**第五十条**　会计机构、会计人员要根据审核无误的原始凭证填制记账凭证。

记账凭证可以分为收款凭证、付款凭证和转账凭证，也可以使用通用记账凭证。

**第五十一条**　记账凭证的基本要求是：

（一）记账凭证的内容必须具备：填制凭证的日期；凭证编号；经济业务摘要；会计科目；金额；所附原始凭证张数；填制凭证人员、稽核人员、记账人员、会计机构负责人、会计主管人员签名或者盖章。收款和付款记账凭证还应当由出纳人员签名或者盖章。以自制的原始凭证或者原始凭证汇总表代替记账凭证的，也必须具备记账凭证应有的项目。

（二）填制记账凭证时，应当对记账凭证进行连续编号。一笔经济业务需要填制两张以上记账凭证的，可以采用分数编号法编号。

（三）记账凭证可以根据每一张原始凭证填制，或者根据若干张同类原始凭证汇总填制，也可以根据原始凭证汇总表填制。但不得将不同内容和类别的原始凭证汇总填制在一张记账凭证上。

（四）除结账和更正错误的记账凭证可以不附原始凭证外，其他记账凭证必须附有原始凭证。如果一张原始凭证涉及几张记账凭证，可以把原始凭证附在一张主要的记账凭证后面，并在其他记账凭证上注明附有该原始凭证的记账凭证的编号或者附原始凭证复印件。一张原始凭证所列支出需要几个单位共同负担的，应当将其他单位负担的部分，开给对方原始凭证分割单，进行结算。原始凭证分割单必须具备原始凭证的基本内容：凭证名称、填制凭证日期、填制凭证单位名称或者填制人姓名、经办人的签名或者盖章、接受凭证单位名称、经济业务内容、数量、单价、金额和费用分摊情况等。

（五）如果在填制记账凭证时发生错误，应当重新填制。已经登记入账的记账凭证，在当年内发现填写错误时，可以用红字填写一张与原内容相同的记账凭证，在摘要栏注明"注销某月某日某号凭证"字样，同时再用蓝字重新填制一张正确的记账凭证，注明"订正某月某日某号凭证"字样。如果会计科目没有错误，只是金额错误，也可以将正确数字与错误数字之间的差额，另编一张调整的记账凭证，调增金额用蓝字，调减金额用红字。发现以前年度记账凭证有错误的，应当用蓝字填制一张更正的记账凭证。

（六）记账凭证填制完经济业务事项后，如有空行，应当自金额栏最后一笔金额数字下的空行处至合计数上的空行处划线注销。

**第五十二条** 填制会计凭证，字迹必须清晰、工整，并符合下列要求：

（一）阿拉伯数字应当一个一个地写，不得连笔写。阿拉伯金额数字前面应当书写货币币种符号或者货币名称简写和币种符号。币种符号与阿拉伯金额数字之间不得留有空白。凡阿拉伯数字前写有币种符号的，数字后面不再写货币单位。

（二）所有以元为单位（其他货币种类为货币基本单位，下同）的阿拉伯数字，除表示单价等情况外，一律填写到角分；有元角分的，角位和分位可写"00"，或者符号"—"；有角无分的，分位应当写"0"，不得用符号"—"代替。

（三）汉字大写数字金额如零、壹、贰、叁、肆、伍、陆、柒、捌、玖、拾、佰、仟、万、亿等，一律用正楷或者行书体书写，不得用〇、一、二、三、四、五、六、七、八、九、十等简化字代替，不得任意自造简化字。大写金额数字到元或者角为止的，在"元"或者"角"字之后应当写"整"字或者"正"字；大写金额数字有分的，分字后面不写"整"或者"正"字。

（四）大写金额数字前未印有货币名称的，应当加填货币名称，货币名称与金额数字之间不得留有空白。

（五）阿拉伯金额数字中间有"0"时，汉字大写金额要写"零"字；阿拉伯数字金额中间连续有几个"0"时，汉字大写金额中可以只写一个"零"字；阿拉伯金额数字元位是"0"，或者数字中间连续有几个"0"、元位也是"0"但角位不是"0"时，汉字大写金额可以只写一个"零"字，也可以不写"零"字。

**第五十三条** 实行会计电算化的单位，对于机制记账凭证，要认真审核，做到会计科目使用正确，数字准确无误。打印出的机制记账凭证要加盖制单人员、审核人员、记账人员及会计机构负责人、会计主管人员印章或者签字。

**第五十四条** 各单位会计凭证的传递程序应当科学、合理，具体办法由各单位根据会计业务需要自行规定。

**第五十五条** 会计机构、会计人员要妥善保管会计凭证。

（一）会计凭证应当及时传递，不得积压。

（二）会计凭证登记完毕后，应当按照分类和编号顺序保管，不得散乱丢失。

（三）记账凭证应当连同所附的原始凭证或者原始凭证汇总表，按照编号顺序，折叠整齐，按期装订成册，并加具封面，注明单位名称、年度、月份和起讫日期、凭证种类、起讫号码，由装订人在装订线封签外签名或者盖章。对于数量过多的原始凭证，可以单独装订保管，在封面上注明记账凭证日期、编号、种类，同时在记账凭证上注明“附件另订”和原始凭证名称及编号。各种经济合同、存出保证金收据以及涉外文件等重要原始凭证，应当另编目录，单独登记保管，并在有关的记账凭证和原始凭证上相互注明日期和编号。

（四）原始凭证不得外借，其他单位如因特殊原因需要使用原始凭证时，经本单位会计机构负责人、会计主管人员批准，可以复制。向外单位提供的原始凭证复制件，应当在专设的登记簿上登记，并由提供人员和收取人员共同签名或者盖章。

（五）从外单位取得的原始凭证如有遗失，应当取得原开出单位盖有公章的证明，并注明原来凭证的号码、金额和内容等，由经办单位会计机构负责人、会计主管人员和单位领导人批准后，才能代作原始凭证。如果确实无法取得证明的，如火车、轮船、飞机票等凭证，由当事人写出详细情况，由经办单位会计机构负责人、会计主管人员和单位领导人批准后，代作原始凭证。

## 第三节 登记会计账簿

**第五十六条** 各单位应当按照国家统一会计制度的规定和会计业务的需要设置会计账簿。会计账簿包括总账、明细账、日记账和其他辅助性账簿。

**第五十七条** 现金日记账和银行存款日记账必须采用订本式账簿。不得用银行对账单或者其他方法代替日记账。

**第五十八条** 实行会计电算化的单位，用计算机打印的会计账簿必须连续编号，经审核无误后装订成册，并由记账人员和会计机构负责人、会计主管人员签字或者盖章。

**第五十九条** 启用会计账簿时，应当在账簿封面上写明单位名称和账簿名称。在账簿扉页上应当附启用表，内容包括：启用日期、账簿页数、记账人员和会计机构负责人、会计主管人员姓名，并加盖名章和单位公章。记账人员或者会计机构负责人、会计主管人员调动工作时，应当注明交接日期、接办人员或者监交人员姓名，并由交接双方人员签名或者盖章。启用订本式账簿，应当从第一页到最后一页顺序编定页数，不得跳页、缺号。使用活页式账页，应当按账户顺序编号，并须定期装订成册。装订后再按实际使用的账页顺序编定页码。另加目录，记明每个账户的名称和页次。

**第六十条** 会计人员应当根据审核无误的会计凭证登记会计账簿。登记账簿的基本要求是：

（一）登记会计账簿时，应当将会计凭证日期、编号、业务内容摘要、金额和其他有关资料逐项记入账内；做到数字准确、摘要清楚、登记及时、字迹工整。

（二）登记完毕后，要在记账凭证上签名或者盖章，并注明已经登账的符号，表示已经记账。

（三）账簿中书写的文字和数字上面要留有适当空格，不要写满格；一般应占格距的二分之一。

（四）登记账簿要用蓝黑墨水或者碳素墨水书写，不得使用圆珠笔（银行的复写账簿除外）或者铅笔书写。

（五）下列情况，可以用红色墨水记账：

1. 按照红字冲账的记账凭证，冲销错误记录；

2. 在不设借贷等栏的多栏式账页中，登记减少数；

3. 在三栏式账户的余额栏前，如未印明余额方向的，在余额栏内登记负数余额；

4. 根据国家统一会计制度的规定可以用红字登记的其他会计记录。

（六）各种账簿按页次顺序连续登记，不得跳行、隔页。如果发生跳行、隔页，应当将空行、空页划线注销，或者注明“此行空白”、“此页空白”字样，并由记账人员签名或者盖章。

（七）凡需要结出余额的账户，结出余额后。应当在“借或贷”等栏内写明“借”或者“贷”等字样。没有余额的账户，应当在“借或贷”等栏内写“平”字，并在余额栏内用“-0-”表示。现金日记账和银行存款日记账必须逐日结出余额。

（八）每一账页登记完毕结转下页时，应当结出本页合计数及余额，写在本页最后一行和下页第一行有关栏内，并在摘要栏内注明“过次页”和“承前页”字样；也可以将本页合计数及金额只写在下页第一行有关栏内，并在摘要栏内注明“承前页”字样。对需要结计本月发生额的账户，结计“过次页”的本页合计数应当为自本月初起至本页末止的发生额合计数；对需要结计本年累计发生额的账户，结计“过次页”的本页合计数应当为自年初起至本页末止的累计数；对既不需要结计本月发生额也不需要结计本年累计发生额的账户，可以只将每页末的余额结转次页。

**第六十一条** 实行会计电算化的单位，总账和明细账应当定期打印。发生收款和付款业务的，在输入收款凭证和付款凭证的当天必须打印出现金日记账和银行存款日记账，并与库存现金核对无误。

**第六十二条** 账簿记录发生错误，不准涂改、挖补、刮擦或者用药水消除字迹，不准重新抄写，必须按照下列方法进行更正：

（一）登记账簿时发生错误，应当将错误的文字或者数字划红线注销，但必须使原有字迹仍可辨认；然后在划线上方填写正确的文字或者数字，并由记账人员在更正处盖章。对于错误的数字，应当全部划红线更正，不得只更正其中的错误数字。对于文字错误，可只划去错误的部分。

（二）由于记账凭证错误而使账簿记录发生错误，应当按更正的记账凭证登记账簿。

**第六十三条** 各单位应当定期对会计账簿记录的有关数字与库存实物、货币资金、有价证券、往来单位或者个人等进行相互核对，保证账证相符、账账相符、账实相符。对账工作每年至少进行一次。

（一）账证核对。核对会计账簿记录与原始凭证、记账凭证的时间、凭证字号、内容、金额是否一致,记账方向是否相符。

(二)账账核对。核对不同会计账簿之间的账簿记录是否相符,包括:总账有关账户的余额核对,总账与明细账核对,总账与日记账核对,会计部门的财产物资明细账与财产物资保管和使用部门的有关明细账核对等。

(三)账实核对。核对会计账簿记录与财产等实有数额是否相符。包括:现金日记账账面余额与现金实际库存数相核对;银行存款日记账账面余额定期与银行对账单相核对;各种财物明细账账面余额与财物实存数额相核对;各种应收、应付款明细账账面余额与有关债务、债权单位或者个人核对等。

**第六十四条**　各单位应当按照规定定期结账。

(一)结账前,必须将本期内所发生的各项经济业务全部登记入账。

(二)结账时,应当结出每个账户的期末余额。需要结出当月发生额的,应当在摘要栏内注明“本月合计”字样,并在下面通栏划单红线。需要结出本年累计发生额的,应当在摘要栏内注明“本年累计”字样,并在下面通栏划单红线;12月末的“本年累计”就是全年累计发生额。全年累计发生额下面应当通栏划双红线。年度终了结账时,所有总账账户都应当结出全年发生额和年末余额。

(三)年度终了,要把各账户的余额结转到下一会计年度,并在摘要栏注明“结转下年”字样;在下一会计年度新建有关会计账簿的第一行余额栏内填写上年结转的余额,并在摘要栏注明“上年结转”字样。

## 第四节　编制财务报告

**第六十五条**　各单位必须按照国家统一会计制度的规定,定期编制财务报告。财务报告包括会计报表及其说明。会计报表包括会计报表主表、会计报表附表、会计报表附注。

**第六十六条**　各单位对外报送的财务报告应当根据国家统一会计制度规定的格式和要求编制。单位内部使用的财务报告,其格式和要求由各单位自行规定。

**第六十七条**　会计报表应当根据登记完整、核对无误的会计账簿记录和其他有关资料编制,做到数字真实、计算准确、内容完整、说明清楚。任何人不得篡改或者授意、指使、强令他人篡改会计报表的有关数字。

**第六十八条**　会计报表之间、会计报表各项目之间,凡有对应关系的数字,应当相互一致。本期会计报表与上期会计报表之间有关的数字应当相互衔接。如果不同会计年度会计报表中各项目的内容和核算方法有变更的,应当在年度会计报表中加以说明。

**第六十九条**　各单位应当按照国家统一会计制度的规定认真编写会计报表附注及其说明,做到项目齐全,内容完整。

**第七十条**　各单位应当按照国家规定的期限对外报送财务报告。对外报送的财务报告,应当依次编定页码,加具封面,装订成册,加盖公章。封面上应当注明:单位名称,单位地址,财务报告所属年度、季度、月度,送出日期,并由单位领导人、总会计师、会计机构负责人、会计主管人员签名或者盖章。单位领导人对财务报告的合法性、真实性负法律责任。

**第七十一条**　根据法律和国家有关规定应当对财务报告进行审计的,财务报告编制单位应当先行委托注册会计师进行审计，并将注册会计师出具的审计报告随同财务报告按照规定的期限报送有关部门。

**第七十二条** 如果发现对外报送的财务报告有错误，应当及时办理更正手续。除更正本单位留存的财务报告外，并应同时通知接受财务报告的单位更正。错误较多的，应当重新编报。

## 第四章 会 计 监 督

**第七十三条** 各单位的会计机构、会计人员对本单位的经济活动进行会计监督。

**第七十四条** 会计机构、会计人员进行会计监督的依据是：

（一）财经法律、法规、规章；

（二）会计法律、法规和国家统一会计制度；

（三）各省、自治区、直辖市财政厅（局）和国务院业务主管部门根据《中华人民共和国会计法》和国家统一会计制度制定的具体实施办法或者补充规定；

（四）各单位根据《中华人民共和国会计法》和国家统一会计制度制定的单位内部会计管理制度；

（五）各单位内部的预算、财务计划、经济计划、业务计划。

**第七十五条** 会计机构、会计人员应当对原始凭证进行审核和监督。对不真实、不合法的原始凭证，不予受理。对弄虚作假、严重违法的原始凭证，在不予受理的同时，应当予以扣留，并及时向单位领导人报告，请求查明原因，追究当事人的责任。对记载不明确、不完整的原始凭证，予以退回，要求经办人员更正、补充。

**第七十六条** 会计机构、会计人员对伪造、变造、故意毁灭会计账簿或者账外设账行为，应当制止和纠正；制止和纠正无效的，应当向上级主管单位报告，请求作出处理。

**第七十七条** 会计机构、会计人员应当对实物、款项进行监督，督促建立并严格执行财产清查制度。发现账簿记录与实物、款项不符时，应当按照国家有关规定进行处理。超出会计机构、会计人员职权范围的，应当立即向本单位领导报告，请求查明原因，作出处理。

**第七十八条** 会计机构、会计人员对指使、强令编造、篡改财务报告行为，应当制止和纠正；制止和纠正无效的，应当向上级主管单位报告，请求处理。

**第七十九条** 会计机构、会计人员应当对财务收支进行监督。

（一）对审批手续不全的财务收支，应当退回，要求补充、更正。

（二）对违反规定不纳入单位统一会计核算的财务收支，应当制止和纠正。

（三）对违反国家统一的财政、财务、会计制度规定的财务收支，不予办理。

（四）对认为是违反国家统一的财政、财务、会计制度规定的财务收支。应当制止和纠正；制止和纠正无效的，应当向单位领导人提出书面意见请求处理。单位领导人应当在接到书面意见起十日内作出书面决定，并对决定承担责任。

（五）对违反国家统一的财政、财务、会计制度规定的财务收支，不予制止和纠正，又不向单位领导人提出书面意见的；也应当承担责任。

（六）对严重违反国家利益和社会公众利益的财务收支，应当向主管单位或者财政、审计、税务机关报告。

**第八十条**　会计机构、会计人员对违反单位内部会计管理制度的经济活动，应当制止和纠正；制止和纠正无效的，向单位领导人报告，请求处理。

**第八十一条**　会计机构、会计人员应当对单位制定的预算、财务计划、经济计划、业务计划的执行情况进行监督。

**第八十二条**　各单位必须依照法律和国家有关规定接受财政、审计、税务等机关的监督，如实提供会计凭证、会计账簿、会计报表和其他会计资料以及有关情况、不得拒绝、隐匿、谎报。

**第八十三条**　按照法律规定应当委托注册会计师进行审计的单位，应当委托注册会计师进行审计，并配合注册会计师的工作，如实提供会计凭证、会计账簿、会计报表和其他会计资料以及有关情况，不得拒绝、隐匿、谎报；不得示意注册会计师出具不当的审计报告。

## 第五章　内部会计管理制度

**第八十四条**　各单位应当根据《中华人民共和国会计法》和国家统一会计制度的规定，结合单位类型和内部管理的需要，建立健全相应的内部会计管理制度。

**第八十五条**　各单位制定内部会计管理制度应当遵循下列原则：

(一) 应当执行法律、法规和国家统一的财务会计制度。

(二) 应当体现本单位的生产经营、业务管理的特点和要求。

(三) 应当全面规范本单位的各项会计工作，建立健全会计基础，保证会计工作的有序进行。

(四) 应当科学、合理，便于操作和执行。

(五) 应当定期检查执行情况。

(六) 应当根据管理需要和执行中的问题不断完善。

**第八十六条**　各单位应当建立内部会计管理体系。主要内容包括：单位领导人、总会计师对会计工作的领导职责；会计部门及其会计机构负责人、会计主管人员的职责、权限；会计部门与其他职能部门的关系；会计核算的组织形式等。

**第八十七条**　各单位应当建立会计人员岗位责任制度。主要内容包括：会计人员的工作岗位设置；各会计工作岗位的职责和标准；各会计工作岗位的人员和具体分工；会计工作岗位轮换办法；对各会计工作岗位的考核办法。

**第八十八条**　各单位应当建立账务处理程序制度。主要内容包括：会计科目及其明细科目的设置和使用；会计凭证的格式、审核要求和传递程序；会计核算方法；会计账簿的设置；编制会计报表的种类和要求；单位会计指标体系。

**第八十九条**　各单位应当建立内部牵制制度。主要内容包括：内部牵制制度的原则；组织分工；出纳岗位的职责和限制条件；有关岗位的职责和权限。

**第九十条**　各单位应当建立稽核制度。主要内容包括：稽核工作的组织形式和具体分工；稽核工作的职责、权限；审核会计凭证和复核会计账簿、会计报表的方法。

**第九十一条**　各单位应当建立原始记录管理制度。主要内容包括：原始记录的内容和填制方法;原始记录的格式;原始记录的审核;原始记录填制人的责任;原始记录签署;传递、汇集要求。

**第九十二条** 各单位应当建立定额管理制度。主要内容包括:定额管理的范围;制定和修订定额的依据、程序和方法;定额的执行;定额考核和奖惩办法等。

**第九十三条** 各单位应当建立计量验收制度。主要内容包括:计量检测手段和方法;计量验收管理的要求;计量验收人员的责任和奖惩办法。

**第九十四条** 各单位应当建立财产清查制度。主要内容包括:财产清查的范围;财产清查的组织;财产清查的期限和方法;对财产清查中发现问题的处理办法;对财产管理人员的奖惩办法。

**第九十五条** 各单位应当建立财务收支审批制度。主要内容包括:财务收支审批人员和审批权限;财务收支审批程序;财务收支审批人员的责任。

**第九十六条** 实行成本核算的单位应当建立成本核算制度。主要内容包括:成本核算的对象;成本核算的方法和程序;成本、分析等。

**第九十七条** 各单位应当建立财务会计分析制度。主要内容包括:财务会计分析的主要内容;财务会计分析的基本要求和组织程序;财务会计分析的具体方法;财务会计分析报告的编写要求等。

## 第六章 附　则

**第九十八条** 本规范所称国家统一会计制度,是指由财政部制定、或者财政部与国务院有关部门联合制定、或者经财政部审核批准的在全国范围内统一执行的会计规章、准则、办法等规范性文件。本规范所称会计主管人员,是指不设置会计机构、只在其他机构中设置专职会计人员的单位行使会计机构负责人职权的人员。本规范第三章第二节和第三节关于填制会计凭证、登记会计账簿的规定,除特别指出外,一般适用于手工记账。实行会计电算化的单位,填制会计凭证和登记会计账簿的有关要求,应当符合财政部关于会计电算化的有关规定。

**第九十九条** 各省、自治区、直辖市财政厅(局)、国务院各业务主管部门可以根据本规范的原则,结合本地区、本部门的具体情况,制定具体实施办法,报财政部备案。

**第一百条** 本规范由财政部负责解释、修改。

**第一百零一条** 本规范自公布之日起实施。1984 年 4 月 24 日财政部发布的《会计人员工作规则》同时废止。

业务 37-1

# 福建省税收库行横向联网电子缴税(费)凭证

征收机关：福州市仓山区地税

收款国库：福州市中心支库　　填发日期：20181210　　电子缴税号：350134207048235

纳税人识别码：350107705117856　　纳税人账户名称：福州安达汽车配件有限公司

纳税人名称：福州安达汽车配件有限公司　　纳税人账号：789091245008004

税款限缴期：20181215　　纳税人开户银行：工商银行

（中国工商银行福州南山支行 2018.12.10 转讫）

| 缴款书交易号 | 预算科目代码 | 预算级次 | 税(费)种税目 | 金额 |
|---|---|---|---|---|
| 1020609110150793 | 1020101 | 省级 | 基本养老保险费——单位 | 52 556.40 |
| 1020609110150794 | 1020101 | 省级 | 基本养老保险费——职工个人 | 23 358.40 |
| 1020609110150795 | 1020201 | 省级 | 失业保险费——单位 | 2 919.80 |
| 1020609110150796 | 1020201 | 省级 | 失业保险费——职工个人 | 1 459.90 |

纳税金额合计　大写：人民币捌万零贰佰玖拾肆元伍角整　　小写：￥80 294.50

上列款项已划缴：　扣缴日期：20181210

税款所属期：20181101—20181130　　银行盖章：　　经办：

打印次数：1　　打印日期：20181210

业务 37-2

# 福建省税收库行横向联网电子缴税(费)凭证

征收机关：福州市仓山区地税

收款国库：福州市中心支库　　填发日期：20181210　　电子缴税号：350134207048235

纳税人识别码：350107705117856　　纳税人账户名称：福州安达汽车配件有限公司

纳税人名称：福州安达汽车配件有限公司　　纳税人账号：789091245008004

税款限缴期：20181215　　纳税人开户银行：工商银行

（中国工商银行福州南山支行 2018.12.10 转讫）

| 缴款书交易号 | 预算科目代码 | 预算级次 | 税(费)种税目 | 金额 |
|---|---|---|---|---|
| 1020609110150798 | 1020401 | 省级 | 生育保险费 | 2 173.03 |
| 1020609110150795 | 1020501 | 省级 | 医疗保险费——单位 | 40 391.54 |
| 1020609110150796 | 1020601 | 省级 | 医疗保险费——职工个人 | 10 097.89 |

纳税金额合计　大写：人民币伍万贰仟陆佰陆拾贰元肆角陆分　　小写：￥52 662.46

上列款项已划缴：　扣缴日期：20181210

税款所属期：20181101—20181130　　银行盖章：　　经办：

打印次数：1　　打印日期：20181210

业务 37-3

# 福建省税收库行横向联网电子缴税(费)凭证

征收机关：福州市仓山区地税

收款国库：福州市中心支库　　填发日期：20181210　　电子缴税号：350134207048235

| | | | | |
|---|---|---|---|---|
| 纳税人识别码：350107705117856 | | | 纳税人账户名称：福州安达汽车配件有限公司 | |
| 纳税人名称：福州安达汽车配件有限公司 | | | 纳税人账号：789091245008004 | |
| 税款限缴期：20181215 | | | 纳税人开户银行：工商银行 | |
| 缴款书交易号 | 预算科目代码 | 预算级次 | 税(费)种税目 | 金额 |
| 1020609110150797 | 1020701 | 省级 | 工伤保险费 | 2 173.03 |
| 纳税金额合计　大写：人民币贰仟壹佰柒拾叁元零叁分 | | | | 小写：¥2 173.03 |
| 上列款项已划缴：　扣缴日期：20181210 | | | | |
| 税款所属期：20181101—20181130 | | | 银行盖章： | 经办： |

中国工商银行福州南山支行 2018.12.10 转讫

打印次数：1　　打印日期：20181210

---

业务 38

# 福建增值税专用发票

3502210082

全国统一发票监制章 福建 国家税务总局监制

发　票　联

№ 06250876

开票日期：2018 年 12 月 9 日

税总函[2015]668号海南华鑫实业公司

| | | | | | | | |
|---|---|---|---|---|---|---|---|
| 购买方 | 名称：福州安达汽车配件有限公司<br>纳税人识别号：350101768172805<br>地址、电话：福州市仓山区朝阳路 666 号<br>开户行及账号：中国工商银行福州南山支行　789091245008004 | | | | 密码区 | (略) | |
| 货物或应税劳务、服务名称 | 规格型号 | 单位 | 数量 | 单价 | 金额 | 税率 | 税额 |
| 培训费 | | | | | 2 380.00 | 6% | 142.80 |
| 合　计 | | | | | ¥2 380.00 | | ¥142.80 |
| 价税合计(大写) | 贰仟伍佰贰拾贰元捌角零分 | | | | | | (小写)¥2 522.80 |
| 销售方 | 名称：厦门国家会计学院<br>纳税人识别号：350101325430931<br>地址、电话：厦门市中山路 358 号 80420088<br>开户行及账号：中信银行平安支行<br>7341870271580057897 | | | | 备注 | 厦门国家会计学院 350101325430931 发票专用章 | |

现金付讫

第三联　发票联　购货方记账凭证

收款人：　　复核：　　开票人：吴　天　　销售单位：(章)

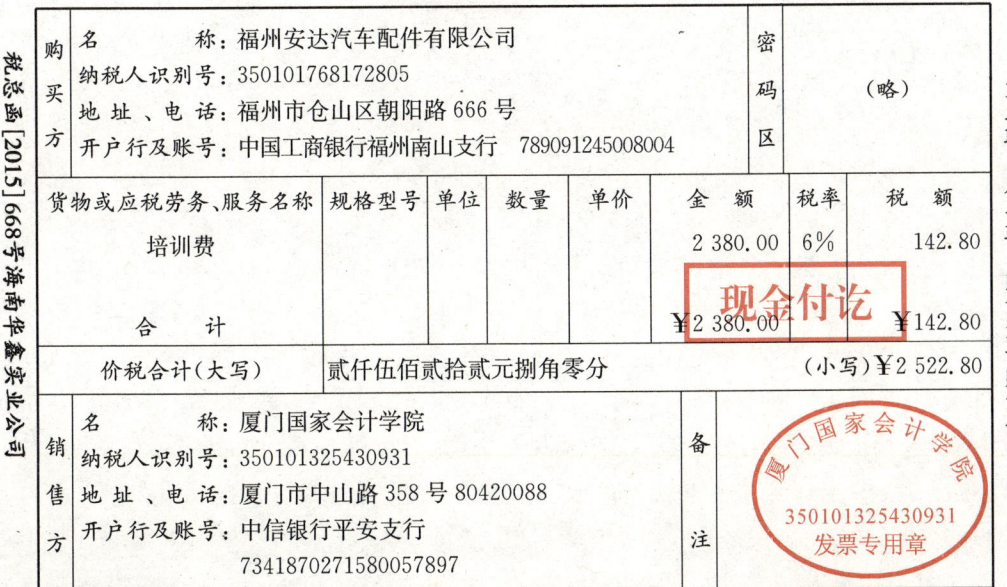

(注：实际报销时间为 2018 年 12 月 10 日)

业务 39-1

# 科目汇总表

年 月 日— 年 月 日　　　　　　　　　　　　№汇

| 科目编号 | 科目名称 | 借方发生额 | 贷方发生额 | 过　账 |
| --- | --- | --- | --- | --- |
| | | | | |
| | | | | |
| | | | | |
| | | | | |
| | | | | |
| | | | | |
| | | | | |
| | | | | |
| | | | | |
| | | | | |
| | | | | |
| | | | | |
| | | | | |
| | | | | |
| | | | | |
| | | | | |
| | | | | |
| | | | | |
| | | | | |
| | | | | |
| | | | | |
| | | | | |
| | | | | |
| | | | | |
| | | | | |
| | | | | |
| | | | | |
| 合　计 | | | | |

记账：　　　　　　　　　　审核：　　　　　　　　　　制表：

业务 39-2

# 科 目 汇 总 表

年　月　日—　　年　月　日　　　　　　　　　　№汇

| 科目编号 | 科目名称 | 借方发生额 | 贷方发生额 | 过　　账 |
|---|---|---|---|---|
| | | | | |
| | | | | |
| | | | | |
| | | | | |
| | | | | |
| | | | | |
| | | | | |
| | | | | |
| | | | | |
| | | | | |
| | | | | |
| | | | | |
| | | | | |
| | | | | |
| | | | | |
| | | | | |
| | | | | |
| | | | | |
| | | | | |
| | | | | |
| | | | | |
| | | | | |
| | | | | |
| | | | | |
| | | | | |
| | | | | |
| | | | | |
| 合　　　计 | | | | |

记账：　　　　　　　　　　　　审核：　　　　　　　　　　制表：

业务 40-1

# 福建增值税专用发票

3571100821

发 票 联

№ 16250891

开票日期：2018 年 12 月 11 日

税总函[2015]664号海南华鑫实业公司

| 购买方 | 名　　称：福州安达汽车配件有限公司<br>纳税人识别号：350101768172805<br>地 址 、电 话：福州市仓山区朝阳路 666 号<br>开户行及账号：中国工商银行福州南山支行<br>789091245008004 | 密码区 | （略） |
|---|---|---|---|

| 货物或应税劳务、服务名称 | 规格型号 | 单位 | 数量 | 单价 | 金　额 | 税率 | 税　额 |
|---|---|---|---|---|---|---|---|
| 工作服 | | 套 | 300 | 150.00 | 45 000.00 | 16% | 7 200.00 |
| 合　　计 | | | | | ¥45 000.00 | | ¥7 200.00 |
| 价税合计（大写） | 伍万贰仟贰佰元整 | | | | | | （小写）¥52 200.00 |

| 销售方 | 名　　称：福州元洪东方百货商场<br>纳税人识别号：350101325430931<br>地 址 、电 话：福州市东达路 78 号　83125528<br>开户行及账号：建设银行台江支行　675021213262 | 备注 | 福州元洪东方百货商场<br>350101325430931<br>发票专用章 |
|---|---|---|---|

收款人：　　　　复核：　　　　开票人：吴　天　　　　销售单位：（章）

第三联　发票联　购货方记账凭证

---

业务 40-2

中国工商银行
转账支票存根

支票号码　№：6739546811

科　　目

对方科目

签发日期　2018 年 12 月 11 日

| | |
|---|---|
| 收款人： | 福州元洪东方百货商场 |
| 金　额： | ¥52 200.00 |
| 用　途： | |
| 备　注： | |

单位主管　　　　会计 李　玲

业务 40-3

# 入 库 单

2018 年 12 月 11 日

| 品种分类 | 低值易耗品 | | 供应单位 | | 福州元洪东方百货 | |
|---|---|---|---|---|---|---|
| 品　　名 | 规　格 | 单　位 | 数　量 | 单　价 | 金　额 | 备　注 |
| 工作服 | | 套 | 300 | 150 | 45 000.00 | |
| | | | | | | |
| | | | | | | |

保管：林小燕　　　　　　　　　　　　　　　　　　　　核算员：

业务 41

# 中国工商银行凭证费、手续费、邮电费收费凭证　№ 00777

单位名称：福州安达汽车配件有限公司

账　　号：789091245008004

| 凭证名称 | 数　量 | 单　价 | 凭证费 | 手续费 | 邮电费 | 合　计 |
|---|---|---|---|---|---|---|
| 银行承兑汇票 | | | | ￥112.58 | | ￥112.58 |
| | | | | | | |
| 合　　计 | | | | ￥112.58 | | ￥112.58 |
| 合计人民币（大写） | 壹佰壹拾贰元伍角捌分 | | | | | |

中国工商银行福州南山支行 2018.12.11 转讫

中国工商银行（盖章）

业务 42

# 库存商品入库单

交库部门：加工车间　　　　2018 年 12 月 11 日　　　　编号：90

| 编　号 | 名称及规格 | 计量单位 | 入库数量 | 备　注 |
|---|---|---|---|---|
| 01 | 活塞 Jetta | 只 | 18 000 | 完工入库 |
| 02 | 活塞 Santana | 只 | 3 000 | 完工入库 |
| | | | | |

②会计记账联

质量检验员：李　令　　　　仓库验收：林　红　　　　经办人：张庆明

业务 43-1

3501403125

# 福建增值税专用发票

发 票 联

№ 00950936

开票日期：2018 年 12 月 11 日

| | | | | | | | |
|---|---|---|---|---|---|---|---|
| 购买方 | 名称：福州安达汽车配件有限公司<br>纳税人识别号：350101768172805<br>地址、电话：福州市仓山区朝阳路 666 号<br>开户行及账号：中国工商银行福州南山支行 789091245008004 | | | | 密码区 | （略） | |
| 货物或应税劳务、服务名称 | 规格型号 | 单位 | 数量 | 单价 | 金额 | 税率 | 税额 |
| 硅 | | 千克 | 3 000 | 12.9 | 38 700.00 | 16% | 6 192.00 |
| 合计 | | | | | ¥38 700.00 | | ¥6 192.00 |
| 价税合计（大写） | 肆万肆仟捌佰玖拾贰元整 | | | | | （小写）¥44 892.00 | |
| 销售方 | 名称：泰和合金有限公司<br>纳税人识别号：35060273594203<br>地址、电话：三明泰宁水南路 235 号 6898352<br>开户行及账号：工商银行泰宁支行 34104238507021 | | | | 备注 | 泰和合金有限公司 35060273594203 发票专用章 | |

收款人： 复核： 开票人：王 力 销售单位：（章）

税总函[2015]664号海南华鑫实业公司

第三联 发票联 购货方记账凭证

业务 43-2

# 银行承兑汇票（存根） 4

№ 0171478

签发日期（大写） 贰零壹捌年拾贰月壹拾壹日

| | | | | |
|---|---|---|---|---|
| 出票人名称 | 福州安达汽车配件有限公司 | 收款人 | 全称 | 泰和合金有限公司 |
| 出票人账号 | 789091245008004 | | 账号 | 34104238507021 |
| 付款行全称 | 中国工商银行福州南山支行 | | 开户银行 | 工商银行泰宁支行 |
| 汇票金额 | 人民币（大写） 肆万肆仟捌佰玖拾贰元整 | | 千百十万千百十元角分 | ¥ 4 4 8 9 2 0 0 |
| 汇票到期日 | 贰零壹捌年叁月壹拾壹日 | 付款行 | 行号 | 09254714576 |
| 承兑协议编号 | 2018121101362—10 | | 地址 | 福州市仓山区朝阳路 666 号 |
| 备注：购买材料 | | 负责 | | 经办 陈 红 |

此联出票人存查

业务 43-3

# 入 库 单

2018 年 12 月 11 日

| 品种分类 | 原主材料 | | 供应单位 | 泰和合金有限公司 | | |
|---|---|---|---|---|---|---|
| 品名 | 规格 | 单位 | 数量 | 单价 | 金额 | 备注 |
| 硅 | | 千克 | 3 000 | 12.9 | 38 700.00 | |
| | | | | | | |
| | | | | | | |

保管：林小燕 核算员：

业务 44-1

2108216571

## 南京增值税专用发票

发 票 联

№ 23630412

开票日期：2018 年 12 月 11 日

税总函[2015]622号南京市印刷有限公司

| | | | | | | | |
|---|---|---|---|---|---|---|---|
| 购买方 | 名　　称：福州安达汽车配件有限公司<br>纳税人识别号：350101768172805<br>地 址 、电 话：福州市仓山区朝阳路 666 号<br>开户行及账号：中国工商银行福州南山支行<br>789091245008004 | | | | 密码区 | （略） | |
| 货物或应税劳务、服务名称 | 规格型号 | 单位 | 数量 | 单价 | 金　额 | 税率 | 税　额 |
| 运输费 | | 台 | 1 | 131.60 | 131.60 | 10% | 13.16 |
| 合　计 | | | | | ¥131.60 | | ¥13.16 |
| 价税合计（大写） | 壹佰肆拾肆元柒角陆分 | | | | | | （小写）¥144.76 |
| 销售方 | 名　　称：南京快安汽车客运有限公司<br>纳税人识别号：2705351090379065<br>地 址 、电 话：南京市建设路 59 号　55258231<br>开户行及账号：工商银行南台支行　676225021213 | | | | 备注 | 南京快安汽车客运有限公司 2705351090379065 发票专用章 | |

收款人：　　复核：　　开票人：陈　田　　销售单位：（章）

第三联 发票联 购货方记账凭证

---

业务 44-2

5253014031

## 江苏增值税专用发票

发 票 联

№ 80101021

开票日期：2018 年 12 月 11 日

税总函[2015]622号南京市印刷有限公司

| | | | | | | | |
|---|---|---|---|---|---|---|---|
| 购买方 | 名　　称：福州安达汽车配件有限公司<br>纳税人识别号：350101768172805<br>地 址 、电 话：福州市仓山区朝阳路 666 号<br>开户行及账号：中国工商银行福州南山支行<br>789091245008004 | | | | 密码区 | （略） | |
| 货物或应税劳务、服务名称 | 规格型号 | 单位 | 数量 | 单价 | 金　额 | 税率 | 税　额 |
| 铣床 | | 台 | 1 | 50 000 | 50 000.00 | 16% | 8 000.00 |
| 合　计 | | | | | ¥50 000.00 | | ¥8 000.00 |
| 价税合计（大写） | 伍万捌仟元整 | | | | | | （小写）¥58 000.00 |
| 销售方 | 名　　称：江苏红日机械厂<br>付款人识别号：510108325697488<br>地 址 、电 话：南京市福新路 366 号　80966421<br>开户行及账号：建行南京福新支行　474608658368 | | | | 备注 | 江苏红日机械厂 510108325697488 发票专用章 | |

收款人：　　复核：　　开票人：陈树锋　　销售单位：（章）

第三联 发票联 购货方记账凭证

业务 44-3

## 中国工商银行　电汇凭证（回单）

☐ 普通　　☐ 加急　　　委托日期：2018 年 12 月 12 日

<table>
<tr><td rowspan="3">汇款人</td><td>全　　称</td><td>福州安达汽车配件有限公司</td><td rowspan="3">收款人</td><td>全　　称</td><td colspan="11">江苏红日机械厂</td></tr>
<tr><td>账　　号</td><td>789091245008004</td><td>账　　号</td><td colspan="11">474608658368</td></tr>
<tr><td>汇出地点</td><td>福建省福州市</td><td>汇入地点</td><td colspan="11">江苏省南京市</td></tr>
<tr><td colspan="2">汇出行名称</td><td>工商银行福州南山支行</td><td colspan="2">汇入行名称</td><td colspan="11">建设银行南京福新支行</td></tr>
<tr><td rowspan="2">金额</td><td rowspan="2">人民币（大写）</td><td rowspan="2" colspan="3">伍万捌仟壹佰肆拾肆元柒角陆分</td><td>亿</td><td>千</td><td>百</td><td>十</td><td>万</td><td>千</td><td>百</td><td>十</td><td>元</td><td>角</td><td>分</td></tr>
<tr><td></td><td></td><td></td><td>¥</td><td>5</td><td>8</td><td>1</td><td>4</td><td>4</td><td>7</td><td>6</td></tr>
<tr><td colspan="3" rowspan="2">中国工商银行<br>福州南山支行<br>2018.12.12<br>转讫<br>汇出行签章</td><td colspan="2">支付密码</td><td colspan="11"></td></tr>
<tr><td colspan="13">附加信息及用途：付货款<br><br>复核：　　　记账：</td></tr>
</table>

此联汇出行给汇款人的回单

业务 44-4

## 设备安装交接单

工程：铣床安装工程　　　　2018 年 12 月 12 日

| 资产名称 | 规格型号 | 计量单位 | 数　量 | 买　价 | 运　杂　费 | 合　计 |
|---|---|---|---|---|---|---|
| 铣床 | | 台 | 1 | | | |
| | | | | | | |

验收：吴　力　　　　经办：林小玲　　　　制表：

业务 45-1

## 包装物、低值易耗品出库单

领用部门：铸造车间　　　　2018 年 12 月 12 日　　　　编号：23

| 编号 | 名　称 | 规　格 | 计量单位 | 出库数量 | 单　价 | 总成本 |
|---|---|---|---|---|---|---|
| D02 | 耐热手套 | | 副 | 69 | | |
| D03 | 工作服 | | 套 | 69 | | |
| | | | | | | |

②会计记账联

经领人：王　华　　　　保管人：林小燕

业务 45-2

## 包装物、低值易耗品出库单

领用部门：加工车间　　2018 年 12 月 12 日　　编号：24

| 编号 | 名　称 | 规　格 | 计量单位 | 出库数量 | 单　价 | 总成本 |
|---|---|---|---|---|---|---|
| D02 | 耐热手套 | | 副 | 156 | | |
| D03 | 工作服 | | 套 | 156 | | |
| | | | | | | |

②会计记账联

经领人：黄乐乐　　保管人：林小燕

业务 45-3

## 包装物、低值易耗品出库单

领用部门：机修车间　　2018 年 12 月 12 日　　编号：25

| 编号 | 名　称 | 规　格 | 计量单位 | 出库数量 | 单　价 | 总成本 |
|---|---|---|---|---|---|---|
| D02 | 耐热手套 | | 副 | 5 | | |
| D03 | 工作服 | | 套 | 5 | | |
| | | | | | | |

②会计记账联

经领人：陈　瞠　　保管人：林小燕

业务 45-4

## 包装物、低值易耗品出库单

领用部门：车队　　2018 年 12 月 12 日　　编号：26

| 编号 | 名　称 | 规　格 | 计量单位 | 出库数量 | 单　价 | 总成本 |
|---|---|---|---|---|---|---|
| D02 | 耐热手套 | | 副 | 8 | | |
| D03 | 工作服 | | 套 | 8 | | |
| | | | | | | |

②会计记账联

经领人：黄明风　　保管人：林小燕

业务 46-1

中国工商银行
转账支票存根

支票号码 №：6739546812

科 目

对方科目

签发日期 2018 年 12 月 13 日

| | |
|---|---|
| 收款人：福州吉祥安装公司 | |
| 金 额：¥1 160.00 | |
| 用 途：安装铣床 | |
| 备 注： | |

单位主管 会计 李 玲

业务 46-2

# 福建增值税专用发票

3500255140

发 票 联

№ 01451512

开票日期：2018 年 12 月 13 日

| | | | | | | | |
|---|---|---|---|---|---|---|---|
| 购买方 | 名 称：福州安达汽车配件有限公司<br>纳税人识别号：350101768172805<br>地 址 、电 话：福州市仓山区朝阳路 666 号<br>开户行及账号：中国工商银行福州南山支行<br>789091245008004 | | | | 密码区 | （略） | |
| 货物或应税劳务、服务名称 | 规格型号 | 单位 | 数量 | 单价 | 金 额 | 税率 | 税 额 |
| 铣床安装费 | | 台 | 1 | | 1 000.00 | 16% | 160.00 |
| 合 计 | | | | | ¥1 000.00 | | ¥160.00 |
| 价税合计（大写） | 壹仟壹佰陆拾元整 | | | | | （小写）¥1 160.00 | |
| 销售方 | 名 称：福州吉祥安装公司<br>付款人识别号：3501006415963587<br>地 址 、电 话：福州市鼓楼铜盘路 125 号 83709321<br>开户行及账号：工行福州分行铜盘支行 091376201236 | | | | 备注 | 福州吉祥安装公司 3501006415963587 发票专用章 | |

收款人： 复核： 开票人：黄 丽 销售单位：（章）

第三联 发票联 购货方记账凭证

税总函[2015]664号海南华鑫实业公司

业务 47

# 福建增值税专用发票

3501404220

发 票 联

№ 00951429

开票日期：2018 年 12 月 13 日

| 购买方 | 名　　称：福州安达汽车配件有限公司<br>纳税人识别号：350101768172805<br>地 址 、电 话：福州市仓山区朝阳路 666 号<br>开户行及账号：中国工商银行福州南山支行<br>789091245008004 | 密码区 | （略） |
|---|---|---|---|

| 货物或应税劳务、服务名称 | 规格型号 | 单位 | 数量 | 单价 | 金　额 | 税率 | 税　额 |
|---|---|---|---|---|---|---|---|
| 切削液 | | 千克 | 600 | 15.60 | 9 360.00 | 16% | 1 497.60 |
| 液压油 | 46# | 千克 | 300 | 12.38 | 3 714.00 | 16% | 594.24 |
| 合　　计 | | | | | ¥13 074.00 | | ¥2 091.84 |
| 价税合计（大写） | 壹万伍仟壹佰陆拾伍元捌角肆分 | | | | | | （小写）¥15 165.84 |

| 销售方 | 名　　称：旺达化工有限公司<br>纳税人识别号：35060273509092<br>地 址 、电 话：福州麦和义序路 96 号　7583930<br>开户行及账号：工商银行麦和支行　38766000322185 | 备注 | 旺达化工有限公司 35060273509092 发票专用章 |
|---|---|---|---|

收款人：　　复核：　　开票人：楼　方　　销售单位：（章）

税总函[2015]664号海南华鑫实业公司

第三联 发票联 购货方记账凭证

业务 48

# 住房公积金汇缴单

2018 年 12 月 13 日

| 单位名称 | 福州安达汽车配件有限公司 | 汇缴月份：2018 年 11 月 |
|---|---|---|
| 单位账号 | 789091245008004 | 汇缴人数：138 人 |
| 开　户　行 | 存　款　日　期 | 支　票　号　码 |
| 中国工商银行福州南山支行 | 2018 年 12 月 13 日 | |
| 金额（人民币大写） | 伍万捌仟叁佰玖拾陆元整 | 十 万 千 百 十 元 角 分：¥ 5 8 3 9 6 0 0 |

| 上月汇缴 | | 本月增加汇缴 | | 本月减少汇缴 | | 本月汇缴 | |
|---|---|---|---|---|---|---|---|
| 人数 | 金　　额 | 人数 | 金　　额 | 人数 | 金　　额 | 人数 | 金　　额 |
| | | | | | | | |

中国工商银行福州南山支行 2018.12.13 转讫

福州市住房公积金管理中心 业务专用章

第二联 单位记账凭证

（注：企业与职工各负担 50%）

业务 49

# 入 库 单

2018 年 12 月 14 日

| 品种分类 | 辅助材料 | | 供应单位 | 旺达化工有限公司 | | |
|---|---|---|---|---|---|---|
| 品　　名 | 规　格 | 单　位 | 数　量 | 单　价 | 金　额 | 备　注 |
| 切削液 | | 千克 | 600 | 15.6 | 9 360.00 | |
| 液压油 | 46＃ | 千克 | 200 | 12.38 | 2 476.00 | 质量不符，退货 100 千克 |
| | | | | | | |

保管：林小燕　　　　　　　　　　　　核算员：

业务 50

查询编号：01217071230653305　　　　　　付款人编码：30010351061071

# 企业进货退出及索取折让证明单

仓山国税退折证字[2018]第 009125 号

| 销售单位 | 全　　称 | 旺达化工有限公司 | | | | | |
|---|---|---|---|---|---|---|---|
| | 税务登记号 | 316932510129173 | | | | | |
| 标志 | 货物名称 | 单　价 | 数　量 | 金　额 | 税　额 | 折让金额 | 折让税 |
| 退回 | 液压油 46＃ | 12.38 | 100 千克 | 1 238.00 | 198.08 | | |
| 退回 | | | | | | | |
| 退回 | | | | | | | |
| 退货或索取折让理由 | 货物质量不符合要求。<br>经 办 人：周国荣<br>单位签单：<br>福州安达汽车配件有限公司<br>2018 年 12 月 14 日 | | 税务征收机关签单 | 经办人：刘海<br>福州市仓山区国家税务局<br>2018 年 12 月 14 日 | | | |
| 购物单位 | 全　　称 | 福州安达汽车配件有限公司 | | | | | |
| | 税务登记号 | 350101768172805 | | | | | |

本表一式三份，一份付款人留存，一份购货单位留存，一份税务机关留存。

业务 51

## 关于核销坏账的请示

公司领导：

本公司应收顶力机械有限公司销货款 15 000 元，逾期 3 年无法收回，请批准予以核销。

财务科

2018 年 12 月 13 日

经研究决定，同意财务部意见。

2018 年 12 月 15 日

业务 52

## 固定资产竣工工程交接单

单位工程：铣床安装工程　　2018 年 12 月 15 日　　附件____页

| 资产名称 | 规格型号 | 计量单位 | 数量 | 开工日期 | 竣工日期 | 实际成本 | | | | 备注 |
|---|---|---|---|---|---|---|---|---|---|---|
| | | | | | | 设备买价 | 运杂费 | 安装费 | 合计 | |
| 铣床 | | 台 | 1 | 12 月 12 日 | 12 月 15 日 | | | | | |
| 移交单位 | 设备科 | 负责人 | 林　行 | 接受单位 | 生产车间 | 负责人 | 曾永建 | | | |
| | | 经　办 | 吴　分 | | | 经　办 | 黄东山 | | | |

复核：谢建军　　经办：林小玲　　制表：

业务 53

中国工商银行
现金支票存根

支票号码　№ 7472629

附加信息

签发日期　2018 年 12 月 15 日

收款人：

金　额：¥ 3 000.00

用　途：备用金

备　注：

单位主管　　会计 李　玲

业务 54-1

# 光大食品厂差旅费报销单

姓名：王天利　　　　2018 年 12 月 15 日

| 起止日期 | 起止地点 | 汽车费 | 飞机费 | 途中补助 | 住宿费 | 伙食补贴 | 杂费 | 合　计 | 单据 |
|---|---|---|---|---|---|---|---|---|---|
| 12 月 5 日 | 福州—上海 | | 800.00 | 300.00 | 1 800.00 | 300.00 | 580.00 | 3 780.00 | 7 |
| 12 月 12 日 | 上海—福州 | | 800.00 | | | | | 800.00 | 2 |
| 月　日 | | | | | | | | | |
| 合　计 | | | 1 600.00 | 300.00 | 1 800.00 | 300.00 | 580.00 | 4 580.00 | 9 |
| 合计报销金额(大写) | 肆仟伍佰捌拾元整 | | | | | 备注：原借款 6 000.00 元，收回现金 1 420.00 元。 | | | |

业务 54-2

# 收款收据

№ 3451352

收款日期　2018 年 12 月 15 日

| 缴款单位(或缴款人) | 王天利 |
|---|---|
| 款项内容 | 归还多借的差旅费 |
| 金额 人民币(大写) | ⊗拾⊗万壹仟肆佰贰拾零元零角零分　¥ 1 4 2 0 0 0 |

现金收讫

收款单位：　　　　会计：　　　　出纳：陈小艺

第二联　记账联

业务 55-1

# 上海增值税专用发票

2375433140

发　票　联

№ 20780498

开票日期：2018 年 12 月 16 日

| 购买方 | 名　　称：福州安达汽车配件有限公司<br>纳税人识别号：350101768172805<br>地 址 、电 话：福州市仓山区朝阳路 666 号<br>开户行及账号：中国工商银行福州南山支行　789091245008004 | | | | 密码区 | (略) | |
|---|---|---|---|---|---|---|---|
| 货物或应税劳务、服务名称 | 规格型号 | 单位 | 数量 | 单价 | 金　额 | 税率 | 税　额 |
| 纯铝 | AOO | 千克 | 15 000 | 17 | 255 000.00 | 16% | 40 800.00 |
| 合　　计 | | | | | ¥255 000.00 | | ¥40 800.00 |
| 价税合计(大写) | 贰拾玖万伍仟捌佰元整 | | | | | | (小写)¥295 800.00 |
| 销售方 | 名　　称：上海南通贸易有限公司<br>纳税人识别号：21090273594203<br>地 址 、电 话：上海市中兴路 381 号　28967525<br>开户行及账号：工商银行中兴支行　6053680215007 | | | | 备注 | 上海南通贸易有限公司 21090273594203 发票专用章 | |

收款人：　　　　复核：　　　　开票人：余　利　　　　销售单位：(章)

税总函[2015]632号上海市印刷有限公司

第三联　发票联　购货方记账凭证

业务 55-2

2657111083

# 上海增值税专用发票

发 票 联

№ 20436521

全国统一发票监制章 上海 国家税务总局监制

开票日期：2018 年 12 月 16 日

| | | | | | | | |
|---|---|---|---|---|---|---|---|
| 购买方 | 名　　称：福州安达汽车配件有限公司<br>纳税人识别号：350101768172805<br>地 址 、电 话：福州市仓山区朝阳路 666 号<br>开户行及账号：中国工商银行福州南山支行<br>789091245008004 | | | | 密码区 | （略） | |
| 货物或应税劳务、服务名称 | 规格型号 | 单位 | 数量 | 单价 | 金　额 | 税率 | 税　额 |
| 纯铝运输费 | | 千克 | 15 000 | 0.093 | 1 395.00 | 10% | 139.5 |
| 合　　计 | | | | | ¥1 395.00 | | ¥139.5 |
| 价税合计（大写） | 壹仟伍佰叁拾肆元伍角 | | | | | （小写）¥1 534.5 | |
| 销售方 | 名　　称：上海市公路货运公司<br>纳税人识别号：230702705379065<br>地 址 、电 话：上海市中华路 753 号　23155258<br>开户行及账号：工商银行中兴支行　626750212132 | | | | 备注 | 上海市公路货运公司 230702705379065 发票专用章 | |

收款人：　　复核：　　开票人：林 萧　　销售单位：（章）

税总函[2015]632号上海市印刷有限公司

第三联 发票联 购货方记账凭证

业务 55-3

# 托收凭证（付款通知）　5

委托日期 2018 年 12 月 16 日　　付款日期 2018 年 12 月 16 日

| | | | | | |
|---|---|---|---|---|---|
| 业务类型 | 委托收款（□邮划 □电划）　托收承付（□邮划 ☑电划） | | | | |
| 付款人 全称 | 福州安达汽车配件有限公司 | | 收款人 全称 | 上海南通贸易有限公司 | |
| 付款人 账号 | 789091245008004 | | 收款人 账号 | 6053680215007 | |
| 付款人 地址 | 福建省福州市(县) | 开户行 工行南山支行 | 收款人 地址 | 省上海市(县) | 开户行 工行中兴支行 |
| 金额 | 人民币（大写）贰拾玖万柒仟叁佰叁拾肆元伍角 | | | 亿千百十万千百十元角分：¥ 2 9 7 3 3 4 5 0 | |
| 款项内容 | 货款 | 托收凭据名称 | | 附寄单证张数 | 2 张 |
| 商品发运情况 | 公路运费 1 548.45 元 | 合同名称号码 | | | |

备注：

中国工商银行福州南山支行 2018.12.16 转讫

付款人开户银行收到日期 2018 年 12 月 16 日

付款人开户银行签章 2018 年 12 月 16 日

付款人注意：

1. 根据支付结算办法，上列委托收款（托收承付）款项在付款期限内未提出拒付，即视为同意付款，以此代付款通知。
2. 如需提出全部或部分拒付，应在规定期限内，将拒付理由书并附债务证明退交开户银行。

此联付款人开户行给付款人按其付款通知

业务 56-1

3501056138

## 福建增值税专用发票

此联不作报销、扣税凭证使用

№ 00992863

开票日期：2018 年 12 月 16 日

税总函[2015]664号海南华鑫实业公司

| | | | | | | | |
|---|---|---|---|---|---|---|---|
| 购买方 | 名　　称：福州正大机械有限公司<br>纳税人识别号：310115693217329<br>地 址 、电 话：浦东新区南京路 328 号　58959988<br>开户行及账号：工商银行浦上支行　60218500338762 | | | | 密码区 | （略） | |
| 货物或应税劳务、服务名称 | 规格型号 | 单位 | 数量 | 单价 | 金　额 | 税率 | 税　额 |
| 活塞 Jetta | | 只 | 15 000 | 21.00 | 315 000.00 | 16% | 50 400.00 |
| 合　计 | | | | | ¥315 000.00 | | ¥50 400.00 |
| 价税合计（大写） | 叁拾陆万伍仟肆佰元整 | | | | | （小写）¥365 400.00 | |
| 销售方 | 名　　称：福州安达汽车配件有限公司<br>纳税人识别号：350101768172805<br>地 址 、电 话：福州市仓山区朝阳路 666 号<br>开户行及账号：中国工商银行福州南山支行<br>789091245008004 | | | | 备注 | | |

收款人：　　复核：　　开票人：王　青　　销售单位：（章）

第一联 记账联 销售方记账凭证

业务 56-2

## 中国工商银行进账单（收账通知）

2018 年 12 月 16 日　　第　　号

| | | | | | |
|---|---|---|---|---|---|
| 收款人 | 全　称 | 福州安达汽车配件有限公司 | 付款人 | 全　称 | 福州正大机械有限公司 |
| | 账　号 | 789091245008004 | | 账　号 | 60218500338762 |
| | 开户银行 | 工商银行福州南山支行 | | 开户银行 | 工商银行浦上支行 |
| 金额 | 人民币（大写） | 叁拾陆万伍仟肆佰元整 | | 千百十万千百十元角分 | ¥ 3 6 5 4 0 0 0 0 |
| 票据种类 | 银行本票 | 票据张数 | 1 张 | | |
| 票据号码 | NI58964 | | | 收款人开户行盖章 | |
| 单位主管：　会计：　复核：　记账： | | | | | |

中国工商银行 福州南山支行 2018.12.16 转讫

此联是收款人开户行交给收款人的收账通知

业务 56-3

## 库存商品出库单

2018 年 12 月 16 日　　编号：60

| 编号 | 名称及规格 | 计量单位 | 出库数量 | 用　途 |
|---|---|---|---|---|
| 01 | 活塞 Jetta | 只 | 15 000 | 销售 |
| | | | | |
| | | | | |

仓库管理员：林　红　　经办人：李心怡

②会计记账联

业务 57

## 福建增值税专用发票

3571107033

发 票 联

（全国统一发票监制章 福建 国家税务总局监制）

№ 16250232

开票日期：2018 年 12 月 16 日

| | | | | | | | |
|---|---|---|---|---|---|---|---|
| 购买方 | 名　　称：福州安达汽车配件有限公司<br>纳税人识别号：350101768172805<br>地 址 、电 话：福州市仓山区朝阳路 666 号<br>开户行及账号：中国工商银行福州南山支行<br>789091245008004 | | | | 密码区 | （略） | |
| 货物或应税劳务、服务名称 | 规格型号 | 单位 | 数量 | 单价 | 金　额 | 税率 | 税　额 |
| 邮资 | | | | | 480.00 | 10% | 48 |
| 合　　计 | | | | | ¥480.00 | | ¥48 |
| 价税合计（大写） | 伍佰贰拾捌元 | | | | | | （小写）¥528 |
| 销售方 | 名　　称：福建省邮政速递物流有限公司福州分公司<br>纳税人识别号：350100557598134<br>地 址 、电 话：福州市华林路 8 号　87125581<br>开户行及账号：中国邮政储蓄银行福州华林支行<br>935009010003424657 | | | | 备注 | （福建省邮政速递物流有限公司福州分公司 350100557598134 发票专用章） | |

收款人：　　　　复核：　　　　开票人：吴　天　　　　销售单位：（章）

税总函[2015]664号海南华鑫实业公司

第三联　发票联　购货方记账凭证

---

业务 58

## 托收凭证（汇款依据或收账通知）　4

委托日期 2018 年 12 月 17 日　　付款日期 2018 年 12 月 17 日

| | | | | | | | |
|---|---|---|---|---|---|---|---|
| 业务类型 | 委托收款（□邮划　☑电划）　托收承付（□邮划　□电划） | | | | | | |
| 付款人 | 全称 | 福州实创机械有限公司 | | 收款人 | 全称 | 福州安达汽车配件有限公司 | |
| | 账号 | 63220312634009002 | | | 账号 | 789091245008004 | |
| | 地址 | 福建省福州市（县） | 开户行：建行小池支行 | | 地址 | 福建省福州市（县） | 开户行：工行南山支行 |
| 金额 | 人民币（大写） | 壹拾捌万玖仟叁佰伍拾元整 | | | | 亿千百十万千百十元角分 | ¥18935000 |
| 款项内容 | 货款 | 托收凭据名称 | 商业承兑汇票 | 附寄单证张数 | 1 张 | | |
| 商品发运情况 | | | | 合同名称号码 | | | |
| 备注：<br><br>复核　　记账 | | 上列款项已划回收入你方账户内。<br><br>收款人开户银行签章<br>2018 年 12 月 17 日 | | | | | |

（中国工商银行福州南山支行 2018.12.17 讫）

此联付款人开户银行凭以汇款或收款人开户银行作收账通知

业务 59-1

# 福建增值税专用发票

3501034512

发票联

№ 03910937

开票日期：2018 年 12 月 17 日

| | | | | | | | |
|---|---|---|---|---|---|---|---|
| 购买方 | 名　　称：福州安达汽车配件有限公司<br>纳税人识别号：350101768172805<br>地址、电话：福州市仓山区朝阳路 666 号<br>开户行及账号：中国工商银行福州南山支行 789091245008004 | | | | 密码区 | （略） | |
| 货物或应税劳务、服务名称 | 规格型号 | 单位 | 数量 | 单价 | 金额 | 税率 | 税额 |
| 活塞 Jetta 包装箱 | 595×400×200 | 只 | 100 | 11.47 | 1 147.00 | 16% | 183.52 |
| 活塞 Santana 包装箱 | 580×400×195 | 只 | 300 | 10.80 | 3 240.00 | 16% | 518.4 |
| 活塞 Sail 包装箱 | 560×380×190 | 只 | 100 | 10.20 | 1 020.00 | 16% | 163.2 |
| 合　计 | | | | | ¥5 407.00 | | ¥565.12 |
| 价税合计（大写） | 陆仟贰佰柒拾贰元壹角贰分 | | | | | | （小写）¥6 272.12 |
| 销售方 | 名　　称：福州中大纸箱厂<br>纳税人识别号：35020974203593<br>地址、电话：福州市福马 175 号　87396861<br>开户行及账号：工商银行南门支行　30432786950432 | | | | 备注 | 福州中大纸箱厂 35020974203593 发票专用章 | |

收款人：　　复核：　　开票人：马清玉　　销售单位：（章）

税总函[2015]664号海南华鑫实业公司

第三联　发票联　购货方记账凭证

业务 59-2

# 入 库 单

2018 年 12 月 17 日

| 品种分类 | 包装物 | | 供应单位 | 福州中大纸箱厂 | | |
|---|---|---|---|---|---|---|
| 品　名 | 规　格 | 单　位 | 数　量 | 单　价 | 金　额 | 备　注 |
| 活塞 Jetta 包装箱 | 595×400×200 | 只 | 100 | 11.47 | 1 147.00 | |
| 活塞 Santana 包装箱 | 580×400×195 | 只 | 300 | 10.80 | 3 240.00 | |
| 活塞 Sail 包装箱 | 560×380×190 | 只 | 100 | 10.20 | 1 020.00 | |

保管人：林小燕　　　　核算员：

业务 59-3

中国工商银行
转账支票存根

支票号码 №：6739546813

科 目

对方科目

签发日期 2018 年 12 月 17 日

| | |
|---|---|
| 收款人：福州中大纸箱厂 | |
| 金 额：¥6 272.12 | |
| 用 途：付购货款 | |
| 备 注： | |

单位主管 会计 李 玲

业务 60-1

3500153340

# 福建增值税普通发票

发 票 联

№ 02107805

机器编号：499892177333 开票日期：2018 年 12 月 17 日

| 购买方 | 名称：福州安达汽车配件有限公司<br>纳税人识别号：350101768172805<br>地址、电话：福州市仓山区朝阳路 666 号<br>开户行及账号：中国工商银行福州南山支行 789091245008004 | | | | | 密码区 | （略） | |
|---|---|---|---|---|---|---|---|---|
| 货物或应税劳务、服务名称 | 规格型号 | 单位 | 数量 | 单价 | 金额 | 税率 | 税额 | |
| 文本制作费 | | 批 | 1 | 1 359.22 | 1 456.31 | 3% | 43.69 | |
| 合计 | | | | | ¥1 456.31 | | ¥43.69 | |
| 价税合计（大写） | 壹仟伍佰元整 | | | | | （小写）¥1 500.00 | | |
| 销售方 | 名称：福州市仓山区金叹图文设计工作室<br>纳税人识别号：35010119820120253X01<br>地址、电话：福州市朝阳路融江小区综合楼四层 83704232<br>开户行及账号：农业银行仓山支行 63987027158087027201 | | | | | 备注 | 校验码：66989 32098 49276 33177 | |

收款人： 复核： 开票人：陈 托 销售单位：（章）

第二联 发票联 购货方记账凭证

税总函[2015]663号广州东港安全印刷有限公司

业务 60-2

中国工商银行
转账支票存根

支票号码　№：6739546814

附加信息

签发日期　2018 年 12 月 17 日

| | |
|---|---|
| 收款人：金叹图文设计工作室 | |
| 金　额：¥1 500.00 | |
| 用　途：文本制作费 | |
| 备　注： | |

单位主管　　会计 李　玲

业务 61

# 入　库　单

2018 年 12 月 17 日

| 品种分类 | 原主材料 | | 供应单位 | 上海南通贸易有限公司 | | |
|---|---|---|---|---|---|---|
| 品　名 | 规　格 | 单　位 | 数　量 | 单　价 | 金　额 | 备　注 |
| 纯铝 | | 千克 | 15 000 | 17.093 | 256 395.00 | |
| | | | | | | |
| | | | | | | |

保管：林小燕　　核算员：

业务 62-1

# 领　料　单

2018 年 12 月 18 日

| 领用部门 | 铸造车间 | | 用　途 | 生产活塞 Santana | | |
|---|---|---|---|---|---|---|
| 类　别 | 名称型号 | 计量单位 | 请领数量 | 实发数量 | 单　价 | 金　额 |
| 原主材料 | 纯铝 AOO | 千克 | 9 400 | 9 400 | | |
| 原主材料 | 硅 | 千克 | 1 500 | 1 500 | | |
| | | | | | | |

保管：林小燕　　经领人：王　华

业务 62-2

## 领　料　单

2018 年 12 月 18 日

| 领用部门 | 铸造车间 | | 用　途 | 生产活塞 Santana | | |
|---|---|---|---|---|---|---|
| 类　别 | 名称型号 | 计量单位 | 请领数量 | 实发数量 | 单　价 | 金　额 |
| 燃　料 | 柴油 0# | 千克 | 600 | 600 | | |
| 燃　料 | 重油 180# | 千克 | 1 200 | 1 200 | | |
| 辅助材料 | 液压油 | 千克 | 75 | 75 | | |

②会计记账

保管：林小燕　　　　经领人：王　华

业务 62-3

## 领　料　单

2018 年 12 月 18 日

| 领用部门 | 加工车间 | | 用　途 | 生产活塞 Santana | | |
|---|---|---|---|---|---|---|
| 类　别 | 名称型号 | 计量单位 | 请领数量 | 实发数量 | 单　价 | 金　额 |
| 辅助材料 | 切削液 | 千克 | 240 | 240 | | |
| 包装材料 | 塑料膜 | 千克 | 100 | 100 | | |
| | | | | | | |

②会计记账

保管：林小燕　　　　经领人：王　华

业务 62-4

## 领　料　单

2018 年 12 月 18 日

| 领用部门 | 铸造车间 | | 用　途 | 生产活塞 Sail | | |
|---|---|---|---|---|---|---|
| 类　别 | 名称型号 | 计量单位 | 请领数量 | 实发数量 | 单　价 | 金　额 |
| 原主材料 | 纯铝 AOO | 千克 | 3 200 | 3 200 | | |
| 原主材料 | 硅 | 千克 | 410 | 410 | | |
| | | | | | | |

保管：林小燕　　　　经领人：王　华

业务 62-5

## 领 料 单

2018 年 12 月 18 日

| 领用部门 | 铸造车间 | | 用 途 | 生产活塞 Sail | | |
|---|---|---|---|---|---|---|
| 类 别 | 名称型号 | 计量单位 | 请领数量 | 实发数量 | 单 价 | 金 额 |
| 燃 料 | 柴油 0# | 千克 | 330 | 330 | | |
| 燃 料 | 重油 180# | 千克 | 650 | 650 | | |
| 辅助材料 | 液压油 | 千克 | 36 | 36 | | |

②会计记账

保管：林小燕　　经领人：王 华

业务 62-6

## 领 料 单

2018 年 12 月 18 日

| 领用部门 | 机修车间 | | 用 途 | 修理用 | | |
|---|---|---|---|---|---|---|
| 类 别 | 名称型号 | 计量单位 | 请领数量 | 实发数量 | 单 价 | 金 额 |
| 辅助材料 | 钢铁除油剂 986.1# | 千克 | 30 | 30 | | |
| | | | | | | |
| | | | | | | |

②会计记账

保管：林小燕　　经领人：王 华

业务 62-7

## 包装物、低值易耗品出库单

领用部门：加工车间　　2018 年 12 月 18 日　　编号：26

| 编号 | 名 称 | 规 格 | 计量单位 | 出库数量 | 单价 | 总 成 本 |
|---|---|---|---|---|---|---|
| B01 | 活塞 Jetta 包装箱 | 595 × 400 × 200 | 只 | 90 | | |
| B02 | 活塞 Santana 包装箱 | 580 × 400 × 195 | 只 | 170 | | |
| | | | | | | |

②会计记账联

经领人：王 华　　保管人：林小燕

业务 62-8

## 包装物、低值易耗品出库单

领用部门：机修车间　　2018 年 12 月 18 日　　编号：27

| 编号 | 名 称 | 规 格 | 计量单位 | 出库数量 | 单价 | 总 成 本 |
|---|---|---|---|---|---|---|
| D01 | 劳保鞋 | | 双 | 5 | | |
| | | | | | | |
| | | | | | | |

②会计记账联

经领人：王 华　　保管人：林小燕

业务 63-1

3500163150

# 福建增值税普通发票

发 票 联

№ 02183302

机器编号：499918237429　　开票日期：2018 年 12 月 18 日

| | | | | | | | |
|---|---|---|---|---|---|---|---|
| 购买方 | 名　　称：福州安达汽车配件有限公司<br>纳税人识别号：350101768172805<br>地 址 、电 话：福州市仓山区朝阳路 666 号<br>开户行及账号：中国工商银行福州南山支行<br>789091245008004 | | | | 密码区 | （略） | |
| 货物或应税劳务、服务名称 | 规格型号 | 单位 | 数量 | 单价 | 金　额 | 税率 | 税　额 |
| 餐费 | | | | | 1 556.60 | 6% | 93.40 |
| 合　计 | | | | | ¥1 556.60 | | ¥93.40 |
| 价税合计（大写） | 壹仟陆佰伍拾元整 | | | | | （小写）¥1 650.00 | |
| 销售方 | 名　　称：福州家园大饭店<br>纳税人识别号：350103299296125<br>地 址 、电 话：福州市台江区金山大道 53 号　83342321<br>开户行及账号：光大银行古田支行　702780870272016398 | | | | 备注 | 校验码：<br>03258 92098<br>49226 33755 | |

收款人：　　复核：　　开票人：嘉　丽　　销售单位：（章）

第二联 发票联 购货方记账凭证

税总函[2015]663号广州东港安全印刷有限公司

（印章：全国统一发票监制章 福建 国家税务总局监制）

（印章：福州海红工程有限公司 3501054705379325 发票专用章）

---

业务 63-2

中国工商银行
转账支票存根

支票号码　№：6739546815

附加信息

签发日期　2018 年 12 月 18 日

| | |
|---|---|
| 收款人： | 福州家园大饭店 |
| 金　额： | ¥1 650.00 |
| 用　途： | 招待费 |
| 备　注： | |

单位主管　　会计　李　玲

业务 64-1

# 福建增值税专用发票

3503100821

发　票　联

全国统一发票监制章 福建 国家税务总局监制

№ 16501834

开票日期：2018 年 12 月 18 日

| | | | |
|---|---|---|---|
| 购买方 | 名　　　称：福州安达汽车配件有限公司<br>纳税人识别号：350101768172805<br>地 址 、电 话：福州市仓山区朝阳路 666 号<br>开户行及账号：中国工商银行福州南山支行<br>789091245008004 | 密码区 | （略） |

| 货物或应税劳务、服务名称 | 规格型号 | 单位 | 数量 | 单价 | 金　额 | 税率 | 税　额 |
|---|---|---|---|---|---|---|---|
| 维修费 | | | | | 5 698.28 | 16% | 911.72 |
| 合　　计 | | | | | ￥5 698.28 | | ￥911.72 |
| 价税合计（大写） | 陆仟陆佰壹拾元整 | | | | | | （小写）￥6 610.00 |

| | | | |
|---|---|---|---|
| 销售方 | 名　　　称：福州大众汽车修理厂<br>纳税人识别号：3501022178875421<br>地 址 、电 话：福州市台江区马尾路　83213423<br>开户行及账号：中信银行南门支行　770870272816397897 | 备注 | 福州大众修理厂 3501022178875421 发票专用章 |

收款人：　　复核：　　开票人：陈　定　　销售单位：（章）

税总函[2015]664号海南华鑫实业公司

第三联 发票联 购货方记账凭证

业务 64-2

中国工商银行
转账支票存根

支票号码　№：6739546816

科　　目

对方科目

签发日期　2018 年 12 月 18 日

| | |
|---|---|
| 收款人：福州大众修理厂 | |
| 金　额：￥6 610.00 | |
| 用　途：修车 | |
| 备　注： | |

单位主管　　会计　李　玲

业务 65-1

# 福建增值税专用发票

3501056138

此联不作报销、扣税凭证

№ 00992864

开票日期：2018 年 12 月 18 日

| | | | | | | | |
|---|---|---|---|---|---|---|---|
| 购买方 | 名称：福州好利来食品有限公司<br>纳税人识别号：3501012805131930<br>地址、电话：福州市六一南路 156 号 83463465<br>开户行及账号：工商银行城门支行 60287621803503 | | | | 密码区 | （略） | |
| 货物或应税劳务、服务名称 | 规格型号 | 单位 | 数量 | 单价 | 金额 | 税率 | 税额 |
| 仓库租金 | | | | | 9 500.00 | 5% | 475.00 |
| 合计 | | | | | ¥9 500.00 | | ¥475.00 |
| 价税合计（大写） | 玖仟玖佰柒拾伍元整 | | | | （小写）¥9 975.00 | | |
| 销售方 | 名称：福州安达汽车配件有限公司<br>纳税人识别号：350101768172805<br>地址、电话：福州市仓山区朝阳路 666 号<br>开户行及账号：中国工商银行福州南山支行 789091245008004 | | | | 备注 | 12 月份租金 | |

收款人： 复核： 开票人：王青 销售单位：（章）

税总函[2015]664号海南华鑫实业公司

第一联 记账联 销售方记账凭证

业务 65-2

# 中国工商银行进账单（收账通知）

2018 年 12 月 18 日 第 号

| | | | | | |
|---|---|---|---|---|---|
| 收款人 | 全称 | 福州安达汽车配件有限公司 | 付款人 | 全称 | 福州好利来食品有限公司 |
| | 账号 | 789091245008004 | | 账号 | 60287621803503 |
| | 开户银行 | 工商银行福州南山支行 | | 开户银行 | 工商银行城门支行 |
| 金额 | 人民币（大写） | 玖仟玖佰柒拾伍元整 | | 千百十万千百十元角分 | ¥997500 |
| 票据种类 | 转账支票 | 票据张数 | 1张 | | |
| 票据号码 | №：6768153952 | | | 收款人开户行盖章 | |
| 单位主管： 会计： 复核： 记账： | | | | | |

（印章：中国工商银行 福州南山支行 2018.12.18 转讫）

此联是收款人开户行交给收款人的收账通知

业务 66

## 库存商品入库单

2018 年 12 月 19 日

交库部门：加工车间　　　　编号：91

| 编　号 | 名称及规格 | 计量单位 | 入库数量 | 备　注 |
| --- | --- | --- | --- | --- |
| 01 | 活塞 Jetta | 只 | 10 000 | 完工入库 |
| 02 | 活塞 Santana | 只 | 20 000 | 完工入库 |
| | | | | |

②会计记账联

质量检验员：李　令　　仓库验收：林　红　　经办人：张庆明

---

业务 67-1

## 收　款　收　据

№ 3213552

收款日期　2018 年 12 月 20 日

| | | | | | | | | | |
| --- | --- | --- | --- | --- | --- | --- | --- | --- | --- |
| 缴款单位（或缴款人） | 成　静　现金收讫 | | | | | | | | |
| 款项内容 | 违章操作罚款 | | | | | | | | |
| 人民币（大写） | ⊗拾⊗万⊗仟叁佰零拾零元零角零分 | 十 | 万 | 千 | 百 | 十 | 元 | 角 | 分 |
| | | | | ¥ | 3 | 0 | 0 | 0 | 0 |

第三联　记账联

收款单位：　　会计：　　出纳：陈小艺

---

业务 67-2

## 罚　款　通　知　单

财务科：

加工车间工人成静违章操作，经董事会研究决定，对其罚款叁佰元整（¥300.00）。

（印章：福州安达汽车配件有限公司）

董　事　会

2018 年 12 月 20 日

业务 68-1

# 科 目 汇 总 表

年 月 日— 年 月 日　　　　　　　　№汇

| 科目编号 | 科目名称 | 借方发生额 | 贷方发生额 | 过　　账 |
| --- | --- | --- | --- | --- |
| | | | | |
| | | | | |
| | | | | |
| | | | | |
| | | | | |
| | | | | |
| | | | | |
| | | | | |
| | | | | |
| | | | | |
| | | | | |
| | | | | |
| | | | | |
| | | | | |
| | | | | |
| | | | | |
| | | | | |
| | | | | |
| | | | | |
| | | | | |
| | | | | |
| | | | | |
| | | | | |
| | | | | |
| | | | | |
| 合　　计 | | | | |

记账：　　　　　　　　审核：　　　　　　　　制表：

业务 68-2

# 科目汇总表

年　月　日—　年　月　日　　　　　　　　№汇

| 科目编号 | 科目名称 | 借方发生额 | 贷方发生额 | 过　　账 |
|---|---|---|---|---|
| | | | | |
| | | | | |
| | | | | |
| | | | | |
| | | | | |
| | | | | |
| | | | | |
| | | | | |
| | | | | |
| | | | | |
| | | | | |
| | | | | |
| | | | | |
| | | | | |
| | | | | |
| | | | | |
| | | | | |
| | | | | |
| | | | | |
| | | | | |
| | | | | |
| | | | | |
| | | | | |
| | | | | |
| | | | | |
| | | | | |
| | | | | |
| 合　　　计 | | | | |

记账：　　　　　　　　审核：　　　　　　　　制表：

业务 69

中国工商银行
现金支票存根

支票号码　　No：7472630

附加信息

签发日期　2018 年 12 月 21 日

| | |
|---|---|
| 收款人： | |
| 金　额： | ¥3 000.00 |
| 用　途： | 备用金 |
| 备　注： | |

单位主管　　　　会计 李　玲

业务 70

# 职工困难补助发放表

2018 年 12 月 21 日

| 姓　名 | 项　目 | 金　额 | 签　名 |
|---|---|---|---|
| 郭　铭 | 困难补助 | 1 500.00 | 郭　铭 |
| 杨有文 | 困难补助 | 2 000.00 | 杨有文 |
| | 现金付讫 | | |
| | | | |
| 合　　计 | | ¥3 500.00 | |

审批：陈高明　　　　复核：林　丽　　　　制表：李　玲

业务 71-1

# 福建增值税专用发票

3501056138

此联不作报销、扣税凭证使用　　　　№ 00992865

开票日期：2018 年 12 月 21 日

| | | | | | | | |
|---|---|---|---|---|---|---|---|
| 购买方 | 名　　称：上海申裕机械有限公司<br>纳税人识别号：310115693217329<br>地 址 、电 话：浦东新区南京路 328 号　58959988<br>开户行及账号：工商银行浦上支行　60218500338762 | | | | 密码区 | （略） | |
| 货物或应税劳务、服务名称 | 规格型号 | 单位 | 数量 | 单价 | 金　额 | 税率 | 税　额 |
| 活塞 Santana | | 只 | 20 000 | 23.00 | 460 000.00 | 16% | 73 600.00 |
| 活塞 Sail | | 只 | 5 000 | 16.00 | 80 000.00 | 16% | 12 800.00 |
| 合　计 | | | | | ￥540 000.00 | | ￥86 400.00 |
| 价税合计（大写） | 陆拾贰万陆仟肆佰元整 | | | | （小写）￥626 400.00 | | |
| 销售方 | 名　　称：福州安达汽车配件有限公司<br>纳税人识别号：350101768172805<br>地 址 、电 话：福州市仓山区朝阳路 666 号<br>开户行及账号：中国工商银行福州南山支行<br>789091245008004 | | | | 备注 | | |

收款人：　　　复核：　　　开票人：王　青　　　销售单位：（章）

税总函[2015]664号海南华鑫实业公司

第一联　记账联　销售方记账凭证

业务 71-2

# 商业承兑汇票（存根）

3　汇票号码

出票日期（大写）贰零壹捌年壹拾贰月贰拾壹日　　第　　号

| | | | | | | |
|---|---|---|---|---|---|---|
| 付款人 | 全　称 | 上海申裕机械有限公司 | 收款人 | 全　称 | 福州安达汽车配件有限公司 | |
| | 账　号 | 60218500338762 | | 账　号 | 789091245008004 | |
| | 开户银行 | 工商银行浦上支行　行号 478021 | | 开户银行 | 工商银行南山支行　行号 672109 | |
| 出票金额 | 人民币（大写） | 陆拾贰万陆仟肆佰元整 | | | 千百十万千百十元角分 | ￥ 6 2 6 4 0 0 0 0 |
| 汇票到期日 | 贰零壹玖年零壹月贰拾壹日 | | 交易合同号码 | | | |
| 备注：该票据不带息 | | | | | | |

业务 71-3

# 出 库 单

2018 年 12 月 21 日 编号：61

| 编号 | 名称及规格 | 计量单位 | 出库数量 | 用 途 |
| --- | --- | --- | --- | --- |
| 02 | 活塞 Santana | 只 | 20 000 | 销售 |
| 03 | 活塞 Sail | 只 | 5 000 | 销售 |
| | | | | |

②会计记账联

仓库管理员：林 红 经办人：李心怡

业务 72

# 中国工商银行特种转账贷方凭证 484182

2018 年 12 月 21 日

| | | | | | | | | | | | | | | | | |
| --- | --- | --- | --- | --- | --- | --- | --- | --- | --- | --- | --- | --- | --- | --- | --- | --- |
| 付款人 | 全称 | 中国工商银行福州南山支行 | | 收款人 | 全称 | 福州安达汽车配件有限公司 | | | | | | | | | | |
| | 账号 | 789091245001256 | | | 账号 | 789091245008004 | | | | | | | | | | |
| | 开户银行 | 工行南山支行 | 行号 672109 | | 开户银行 | 工行南山支行 | 行号 672109 | | | | | | | | | |
| 金额 | 人民币（大写） | 叁仟叁佰伍拾陆元捌角捌分 | | | | | 千 | 百 | 十 | 万 | 千 | 百 | 十 | 元 | 角 | 分 |
| | | | | | | | | | | ¥ | 3 | 3 | 5 | 6 | 8 | 8 |
| 原凭证金额 | | 赔偿金 | | 会计分录：<br>借：<br>贷： | | | | | | | | | | | | |
| 原凭证名称 | | 号码 | | | | | | | | | | | | | | |
| 转账原因 | 支付活期存款利息<br>计息期间 2018.9.21—2018.12.21 | | | 会计主管： 复核： 记账： | | | | | | | | | | | | |

中国工商银行福州南山支行 2018.12.21 转讫

业务 73-1

# 福建增值税专用发票

3501031288

发　票　联

№ 03917093

开票日期：2018 年 12 月 22 日

| | | | | | | | |
|---|---|---|---|---|---|---|---|
| 购买方 | 名　　称：福州安达汽车配件有限公司<br>纳税人识别号：350101768172805<br>地 址 、电 话：福州市仓山区朝阳路 666 号<br>开户行及账号：中国工商银行福州南山支行 789091245008004 | | | | 密码区 | （略） | |
| 货物或应税劳务、服务名称 | 规格型号 | 单位 | 数量 | 单价 | 金　额 | 税率 | 税　额 |
| 塑料膜 | 110×80 | 千克 | 200 | 14.50 | 2 900.00 | 16% | 464.00 |
| 合　计 | | | | | ¥2 900.00 | | ¥464.00 |
| 价税合计（大写） | 叁仟叁佰陆拾肆元零角零分 | | | | | | （小写）¥3 364.00 |
| 销售方 | 名　　称：闽江包装品有限公司<br>纳税人识别号：35010272031212<br>地 址 、电 话：福州市上山路 79 号　83440618<br>开户行及账号：农业银行盖山支行　38327690350415 | | | | 备注 | 闽江包装品有限公司 35010272031212 发票专用章 | |

收款人：　　复核：　　开票人：郑志诚　　销售单位：（章）

税总函[2015]664号海南华鑫实业公司

第三联　发票联　购货方记账凭证

业务 73-2

# 入　库　单

2018 年 12 月 22 日

| 品种分类 | 包装材料 | | 供应单位 | 闽江包装品有限公司 | | |
|---|---|---|---|---|---|---|
| 品　名 | 规　格 | 单　位 | 数　量 | 单　价 | 金　额 | 备　注 |
| 塑料膜 | 110×80 | 千克 | 200 | 14.5 | 2 900.00 | |
| | | | | | | |
| | | | | | | |

保管：林小燕　　　　核算员：

业务 74

## 偿还贷款凭证(第一联)

2018 年 12 月 22 日

| | | | | | |
|---|---|---|---|---|---|
| 借款单位名称 | 福州安达汽车配件有限公司 | 贷款账号 | 091268795321 | 结算账号 | 095699415663 |
| 还款金额（大写） | 伍拾万捌仟叁佰柒拾元整 | | 千 百 十 万 千 百 十 元 角 分 | | ¥ 5 0 8 3 7 0 0 0 |
| 贷款种类 | 长期贷款 | 借出日期 | 2018 年12月22日 | 原约定还款日期 | 2018 年 12 月 22 日 |
| 上列款项请由本单位账户内偿还到期贷款<br>此致<br>借款单位盖章 | | | 会计分录：<br>借：<br>贷：<br>复核员：　　记账员： | | |

中国工商银行福州南山支行 2018.12.22 转讫

福州安达汽车配件有限公司

偿还贷款收据

（该项借款本金为 500 000.00 元，按季付息，到期还本。）

业务 75

## 贴现凭证(收账通知)　4

申请日期　2018 年 12 月 22 日　　第0118 号

| | | | | | |
|---|---|---|---|---|---|
| 贴现汇票 | 种类 | 商业汇票　号码 AA/0108340235 | 持票人 | 名称 | 福州安达汽车配件有限公司 |
| | 出票日 | 2018 年 12 月 21 日 | | 账号 | 789091245008004 |
| | 到票日 | 2019 年 3 月 21 日 | | 开户银行 | 中国工商银行福州南山支行 |
| 汇票承兑人 | 名称 | 上海申裕机械有限公司 | 账号 60218500338762 | 开户银行 | 工商银行浦上支行 |
| 汇票金额 | 人民币（大写） | 陆拾叁万壹仟捌佰元整 | | 千百十万千百十元角分 | ¥ 6 3 1 8 0 0 0 0 |
| 贴现率 ‰ | 贴现利息 | 千百十万千百十元角分<br>¥ 3 7 9 0 8 0 | 实付贴现金额 | 千百十万千百十元角分 | ¥ 6 2 8 0 0 9 2 0 |
| 贴现款项已入你单位账户。<br>银行签章<br>2018 年 12 月 22 日 | 备注： | | | | |

中国工商银行福州南山支行 2018.12.22 转讫

此联银行给持票人的收账通知

业务 76-1

## 包装物、低值易耗品出库单

领用部门：加工车间　　2018 年 12 月 23 日　　编号：28

| 编号 | 名　称 | 规　格 | 计量单位 | 出库数量 | 单价 | 总成本 |
|---|---|---|---|---|---|---|
| B02 | 活塞 Santana 包装箱 | 580×400×195 | 只 | 114 | | |
| B03 | 活塞 Sail 包装箱 | 560×380×190 | 只 | 82 | | |
| | | | | | | |

②会计记账联

经领人：王　华　　保管人：林小燕

业务 76-2

## 领　料　单

2018 年 12 月 23 日

| 领用部门 | 加工车间 | | 用　途 | 生产活塞 Sail | | |
|---|---|---|---|---|---|---|
| 类　别 | 名称型号 | 计量单位 | 请领数量 | 实发数量 | 单　价 | 金　额 |
| 辅助材料 | 切削液 | 千克 | 20 | 20 | | |
| 包装材料 | 塑料膜 | 千克 | 20 | 20 | | |
| | | | | | | |

②会计记账

保管：林小燕　　经领人：王　华

业务 77

## 上海证券中央登记结算公司

客户名称：福州安达汽车配件有限公司　　日期：2018 年 12 月 23 日

| 600382 | 成交过户交割凭单　　买 |
|---|---|
| 股东编号：328475<br>电脑编号：83537<br>公司编号：726 | 成交证券：广东明珠<br>成交数量：80 000<br>成交价格：7.50 |
| 申请编号：368<br>申报时间：14:30<br>成交时间：14:18 | 成交金额：600 000.00<br>标准佣金：900.00<br>过户费用：80.00 |
| 上次余额：0(股)<br>本次成交：80 000(股)<br>本次余额：80 000(股)<br>本次库存： | 印花税：<br>应收金额：<br>附加费用：<br>实付金额：600 980.00 |

福州南方证券交易所 业务专用章

③通知联

（注：准备用于近期出售）

业务 78-1

3501142152

# 福建增值税专用发票

发 票 联

№ 01191573

开票日期：2018 年 12 月 24 日

| | | | | | | | |
|---|---|---|---|---|---|---|---|
| 购买方 | 名　　称：福州安达汽车配件有限公司<br>纳税人识别号：350101768172805<br>地 址 、电 话：福州市仓山区朝阳路 666 号<br>开户行及账号：中国工商银行福州南山支行 789091245008004 | | | | 密码区 | （略） | |
| 货物或应税劳务、服务名称 | 规格型号 | 单位 | 数量 | 单价 | 金　额 | 税率 | 税　额 |
| 电话费 | | | | | 4 828.56 | 10% | 482.85 |
| 合　计 | | | | | ￥4 828.56 | | ￥482.85 |
| 价税合计（大写） | 伍仟叁佰壹拾壹元肆角壹分 | | | | | （小写）￥5 311.41 | |
| 销售方 | 名　　称：中国电信股份有限公司福州分公司<br>纳税人识别号：35010227573530035<br>地 址 、电 话：福州市五四路诚信路 65 号　87385988<br>开户行及账号：工商银行银行鼓楼支行 632629091222021215 | | | | 备注 | 中国电信股份有限公司福州分公司 35010227573530035 发票专用章 | |

收款人：　　复核：　　开票人：王　玲　　销售单位：（章）

税总函[2015]664号海南华鑫实业公司

第三联 发票联 购货方记账凭证

业务 78-2

中国工商银行
转账支票存根

支票号码　№：6739546817

科　　目

对方科目

签发日期　2018 年 12 月 24 日

| | |
|---|---|
| 收款人： | 中国电信福州分公司 |
| 金　额： | ￥5 311.41 |
| 用　途： | 电话费 |
| 备　注： | |

单位主管　　会计 李　玲

业务 78-3

## 12 月份电话费明细表

2018 年 12 月 24 日　　　　编号：026519

| 部　门 | 基本费 | 通话费 | 合　计 |
|---|---|---|---|
| 管理部门 | 120.00 | 1 891.58 | 2 011.58 |
| 销售部门 | 80.00 | 2 165.66 | 2 245.66 |
| 铸造车间 | 20.00 | 98.56 | 118.56 |
| 加工车间 | 20.00 | 118.94 | 138.94 |
| 机修车间 | 20.00 | 118.14 | 138.14 |
| 车　队 | 20.00 | 155.68 | 175.68 |
| 合　计 | 280.00 | 4 548.56 | 4 828.56 |

制表：李　玲

业务 79

## 库存商品入库单

2018 年 12 月 24 日

交库部门：加工车间　　　　编号：92

| 编　号 | 名称及规格 | 计量单位 | 入库数量 | 备　注 |
|---|---|---|---|---|
| 01 | 活塞 Jetta | 只 | 6 000 | 完工入库 |
| 02 | 活塞 Santana | 只 | 11 400 | 完工入库 |
| 03 | 活塞 Sail | 只 | 10 200 | 完工入库 |

②会计记账联

质量检验员：李　令　　仓库验收：林　红　　经办人：张庆明

业务 80-1

## 报　销　单

2018 年 12 月 25 日

| 部　门 | 车队：林　飞 | 凭证张数：13 |
|---|---|---|
| 事　由 | 12 月份汽油费 | 现金付讫 |
| 支付金额 | 人民币：贰仟陆佰元 | ￥2 600.00 |
| 核销金额 | 人民币：贰仟陆佰元 | ￥2 600.00 |
| 审 批 人 | 陈宏江 | |

业务 80-2 （附 13 张）

中国石油化工股份有限公司
福建福州石油销售分公司

通用机打发票

（印章：全国统一发票监制章 闽福州市 国家税务总局监制）

发　票　联

发票代码 350211102239

发票号码 07864578

行业分类：

机打号：　07739546

机器编号：　996180985412

收款单位：　中国石油福建福州石油销售分公司
福州连江南路加油站

税务登记号：　350102X11369807

开票日期：　20181225　14:06:22　　收款人:邓芳

付款单位：　福州安达汽车配件有限公司

| 项　目 | 单　价 | 数　量 | 金　额 |
|---|---|---|---|
| 92＃汽油 | 5.98 | 33.89 | 200.00 |

合计(小写)　¥200.00

合计(大写)　贰佰元整

税控号：

（印章：中国石油化工厂股份有限公司福建销售分公司 350102X11369807 发票专用章）

---

业务 81

中国工商银行
现金支票存根

支票号码　№：7472631

附加信息

签发日期 2018 年 12 月 25 日

| | |
|---|---|
| 收款人： | |
| 金　额： | ¥28 000.00 |
| 用　途： | 支付保健费 |
| 备　注： | |

单位主管　　会计 李　玲

业务 82

## 保健费发放汇总表

2018 年 12 月 25 日　　　　单位：元

| 部　门 | 职工人数 | 金　额 | 经领人 |
|---|---|---|---|
| 管理部门 | 18 | 1 800.00 | 吴如青 |
| 销售部门 | 12 | 1 200.00 | 黄　昕 |
| 加工车间 | 156 | 15 600.00 | 王燕红 |
| 铸造车间 | 69 | 6 900.00 | 刘　群 |
| 机修车间 | 5 | 500.00 | 刘　娟 |
| 车　　队 | 8 | 800.00 | 郭桥生 |
| 合　计 | 268 | 26 800.00 | |

现金付讫

业务 83

## 固定资产报废申请单

2018 年 12 月 25 日　　　　凭证编号 03

| 固定资产名称及编号 | 单位 | 数量 | 预计使用年限 | 实际使用年限 | 原始价值 | 已提折旧 | 备注 |
|---|---|---|---|---|---|---|---|
| 溶铝炉 | 台 | 1 | 5 | 51 个月 | 84 600.00 | 71 400.00 | |
| 申请报废原因 | 操作不当造成损坏，已无维修价值 | | | | | | |
| 处理意见 | 使用部门 | | 技术鉴定小组 | | 固定资产管理部门 | | 主管部门审批 |
| | 无法修理 | | 情况属实 | | 同意转入清理 | | 同意报废 |

福州安达汽车配件有限公司

业务 84-1

3501046370

## 福建增值税普通发票

发　票　联　　　　№ 07443566

全国统一发票监制章 福建 国家税务总局监制

机器编号：449178973332　　　　开票日期：2018 年 12 月 26 日

| | | | | | | | |
|---|---|---|---|---|---|---|---|
| 购买方 | 名　称：福州安达汽车配件有限公司<br>纳税人识别号：350101768172805<br>地 址 、电 话：福州市仓山区朝阳路 666 号<br>开户行及账号：中国工商银行福州南山支行　789091245008004 | | | | 密码区 | （略） | |
| 货物或应税劳务、服务名称 | 规格型号 | 单位 | 数量 | 单价 | 金　额 | 税率 | 税　额 |
| 清理费 | | | | | 514.56 | 3% | 15.44 |
| 合　计 | | | | | ¥514.56 | | ¥15.44 |
| 价税合计（大写） | 伍佰叁拾元整 | | | | | | （小写）¥530.00 |
| 销售方 | 名　称：福州海红工程有限公司<br>纳税人识别号：3501054705379325<br>地 址 、电 话：福州市梅山路 211 号　87820083<br>开户行及账号：建设银行台江支行　7027158034187057897 | | | | 备注 | 校验码：<br>01329　33122<br>55098　13627 | |

福州海红工程有限公司 3501054705379325 发票专用章

收款人：　　　　复核：　　　　开票人：郑玉平　　　　销售单位：（章）

税总函[2015]663号广州东港安全印刷有限公司

第二联 发票联 购货方记账凭证

业务84-2

中国工商银行
转账支票存根

支票号码　　№：6739546819

附加信息

签发日期　2018年12月26日

| | |
|---|---|
| 收款人： | 福州海红工程公司 |
| 金　额： | ￥530.00 |
| 用　途： | 付清理费 |
| 备　注： | |

单位主管　　　　会计 李　玲

业务85

3501147034　　**福建增值税专用发票**

发　票　联　　№ 00491631

开票日期：2018年12月27日

| 购买方 | 名　　称：福州安达汽车配件有限公司<br>纳税人识别号：350101768172805<br>地 址 、电 话：福州市仓山区朝阳路666号<br>开户行及账号：中国工商银行福州南山支行 789091245008004 | | | | 密码区 | （略） | |
|---|---|---|---|---|---|---|---|
| 货物或应税劳务、服务名称 | 规格型号 | 单位 | 数量 | 单价 | 金　额 | 税率 | 税　额 |
| 宽带费用 | | | | | 303.00 | 10% | 30.3 |
| 合　　计 | | | | | ￥303.00 | | ￥30.3 |
| 价税合计(大写) | 叁佰叁拾叁元叁角 | | | | | | (小写)￥333.3 |
| 销售方 | 名　　称：中国联合网络通信有限公司福州分公司<br>纳税人识别号：350102727938817<br>地 址 、电 话：福州市白马北路127号　83785901<br>开户行及账号：工商银行银行鼓楼支行　620212132629091225 | | | | 备注 | | |

收款人：　　复核：　　开票人：陈　钢　　销售单位：(章)

税总函[2015]664号海南华鑫实业公司

第三联 发票联 购货方记账凭证

业务 86-1

3500130364

# 福建增值税普通发票

发票联

№ 02439216

机器编号：449177389332　　　　开票日期：2018 年 12 月 28 日

税总函[2015]663号广州东港安全印刷有限公司

| | | | | | | | |
|---|---|---|---|---|---|---|---|
| 购买方 | 名　　称：福州物资回收公司<br>纳税人识别号：350172801768191<br>地 址 、电 话：福州市工业路 358 号　80420088<br>开户行及账号：工商银行福州黎明办事处　789091242006517 | | | | 密码区 | （略） | |
| 货物或应税劳务、服务名称 | 规格型号 | 单位 | 数量 | 单价 | 金　额 | 税率 | 税　额 |
| 旧溶铝炉 | | | | | 956.00 | 16% | 152.96 |
| 合　　计 | | | | | ¥956.00 | | ¥152.96 |
| 价税合计（大写） | 壹仟壹佰零捌元玖角陆分 | | | | | | （小写）¥1 108.96 |
| 销售方 | 名　　称：福州安达汽车配件有限公司<br>纳税人识别号：350101768172805<br>地 址 、电 话：福州市仓山区朝阳路 666 号<br>开户行及账号：中国工商银行福州南山支行　789091245008004 | | | | 备注 | 校验码：01954　33186　31298　62733 | |

收款人：　　复核：　　开票人：陈　力　　销售单位：（章）

第一联　记账联　销售方记账凭证

业务 86-2

# 中国工商银行进账单（收账通知）

2018 年 12 月 28 日　　　　第　　号

| | | | | | |
|---|---|---|---|---|---|
| 收款人 | 全　称 | 福州安达汽车配件有限公司 | 付款人 | 全　称 | 福州物资回收公司 |
| | 账　号 | 789091245008004 | | 账　号 | 789091242006517 |
| | 开户银行 | 工商银行福州南山支行 | | 开户银行 | 工商银行福州黎明办事处 |
| 人民币（大写） | 壹仟壹佰零捌元玖角陆分 | | | 千百十万千百十元角分 | ¥110896 |
| 票据种类 | | 票据张数 | | | |
| 票据号码 | | | | | |
| 单位主管：　会计：　复核：　记账： | | | | 收款人开户行盖章 | |

中国工商银行福州南山支行 2018.12.28 转讫

此联是收款人开户行交给收款人的收账通知

业务 87

# “固定资产清理”账户的发生额情况表

2018 年 12 月 28 日

| 清理项目名称 | 借方发生额 | 贷方发生额 | 应转出金额 | 应转入账户名称 |
|---|---|---|---|---|
| | | | | |
| | | | | |

复核：　　　　制表：

业务 88-1

# 福建增值税专用发票

3501056138

(全国统一发票监制章 福建 国家税务总局监制)

此联不作报销、扣税凭证使用

№ 00992866

开票日期：2018 年 12 月 28 日

税总函[2015]664号海南华鑫实业公司

| | | | | | | | |
|---|---|---|---|---|---|---|---|
| 购买方 | 名　　称：泉州动力机械有限公司<br>纳税人识别号：352501681725321<br>地 址 、电 话：泉州市西水路 256 号　75578352<br>开户行及账号：工行泉州西水支行　23604237021850 | | | | 密码区 | （略） | |
| 货物或应税劳务、服务名称 | 规格型号 | 单位 | 数量 | 单价 | 金　额 | 税率 | 税　额 |
| 活塞 Jetta | | 只 | 15 000 | 21.00 | 315 000.00 | 16% | 50 400.00 |
| 合　计 | | | | | ¥315 000.00 | | ¥50 400.00 |
| 价税合计（大写） | 叁拾陆万伍仟肆佰元整 | | | | | | （小写）¥365 400.00 |
| 销售方 | 名　　称：福州安达汽车配件有限公司<br>纳税人识别号：350101768172805<br>地 址 、电 话：福州市仓山区朝阳路 666 号<br>开户行及账号：中国工商银行福州南山支行　789091245008004 | | | | 备注 | | |

收款人：　　复核：　　开票人：王　青　　销售单位：（章）

第一联 记账联 销售方记账凭证

---

业务 88-2

# 库存商品出库单

2018 年 12 月 28 日　　编号：62

| 编号 | 名称及规格 | 计量单位 | 出库数量 | 用　途 |
|---|---|---|---|---|
| 01 | 活塞 Jetta | 只 | 15 000 | 销售 |
| | | | | |
| | | | | |

仓库管理员：林　红　　经办人：李心怡

②会计记账联

---

业务 89

# 现金盘点报告单

2018 年 12 月 29 日

| 日期 | 账面余额 | 实际库存额 | 长款 | 短款 | 原因 | 处理意见 |
|---|---|---|---|---|---|---|
| 12 月 29 日 | | | 100.00 | | 待查 | |
| | | | | | | |

出纳：陈小艺　　会计：　　财务经理：

业务 90

# 现金盘点报告单

2018 年 12 月 30 日

| 日期 | 账面余额 | 实际库存额 | 长款 | 短款 | 原因 | 处理意见 |
|---|---|---|---|---|---|---|
| 12 月 29 日 | | | 100.00 | | 无法查明原因 | 转入"营业外收入" 陈宏江 2018.12.30 |
| | | | | | | |

出纳：陈小艺　　　　会计：　　　　财务经理：

业务 91-1

3500555140

# 福建增值税专用发票

发票联

全国统一发票监制章 福建 国家税务总局监制

№ 00791565

开票日期：2018 年 12 月 30 日

税总函[2015]664号海南华鑫实业公司

| 购买方 | 名　　称：福州安达汽车配件有限公司<br>纳税人识别号：350101768172805<br>地 址 、电 话：福州市仓山区朝阳路 666 号<br>开户行及账号：中国工商银行福州南山支行　789091245008004 | | | | 密码区 | （略） | | |
|---|---|---|---|---|---|---|---|---|
| 货物或应税劳务、服务名称 | 规格型号 | 单位 | 数量 | 单价 | 金　额 | 税率 | 税　额 | |
| 电(照明) | | 度 | 7 084 | 0.45 | 3 187.80 | 16% | 510.05 | |
| 电(生产) | | 度 | 108 100 | 0.85 | 91 885.00 | 16% | 14 701.60 | |
| 合　　计 | | | | | ¥95 072.80 | | ¥15 211.65 | |
| 价税合计(大写) | 壹拾壹万零贰佰捌拾肆元肆角伍分 | | | | | （小写）¥110 284.45 | | |
| 销售方 | 名　　称：仓山供电局<br>付款人识别号：350105784376035<br>地 址 、电 话：福州市仓山上山路 157 号　83809321<br>开户行及账号：上行福州分行南台支行　091376205707 | | | | 备注 | 福州市仓山供电局 350105784376035 发票专用章 | | |

第三联 发票联 购货方记账凭证

收款人：　　　复核：　　　开票人：陈　红　　　销售单位：(章)

业务 91-2

# 电 费 分 配 表

2018 年 12 月 30 日

| 类　别 | 耗电总量 | 应分配金额 | 分配率 | 部　门 | 耗电量(kWh) | 分 配 额 |
|---|---|---|---|---|---|---|
| 生产用电 | 108 100 | | | 加工车间 | 66 100 | |
| | | | | 铸造车间 | 42 000 | |
| | | | | 小　计 | 108 100 | |
| 照明用电 | 7 084 | | | 管理部门 | 3 600 | |
| | | | | 销售部门 | 800 | |
| | | | | 机修车间 | 1 800 | |
| | | | | 车　队 | 884 | |
| | | | | 小　计 | 7 084 | |
| 合　　计 | | | | | | |

业务 91-3

中国工商银行
转账支票存根

支票号码 №：6739546820

科 目

对方科目

签发日期 2018 年 12 月 30 日

| | |
|---|---|
| 收款人： | |
| 金 额：¥110 284.45 | |
| 用 途：本月电费 | |
| 备 注： | |

单位主管 会计 李 玲

业务 92-1

# 福建增值税专用发票

3501109003

发 票 联

№ 06251432

开票日期：2018 年 12 月 31 日

| | | | | | | | |
|---|---|---|---|---|---|---|---|
| 购买方 | 名 称：福州安达汽车配件有限公司<br>纳税人识别号：350101768172805<br>地 址 、电 话：福州市仓山区朝阳路 666 号<br>开户行及账号：中国工商银行福州南山支行 789091245008004 | | | | 密码区 | (略) | |
| 货物或应税劳务、服务名称 | 规格型号 | 单位 | 数量 | 单价 | 金 额 | 税率 | 税 额 |
| 水费 | | 吨 | 2 465 | 2.25 | 5 546.25 | 10% | 554.63 |
| 合 计 | | | | | ¥5 546.25 | | ¥554.63 |
| 价税合计(大写) | 陆仟壹佰元捌角捌分 | | | | (小写)¥6 100.88 | | |
| 销售方 | 名 称：福州仓山区自来水公司<br>纳税人识别号：350107325889665<br>地 址 、电 话：福州市仓山区达明路 31 号 83425901<br>开户行及账号：农业银行仓山支行 622502121326290912 | | | | 备注 | 福州仓山区自来水公司 350107325889665 发票专用章 | |

收款人： 复核： 开票人：陈孔钢 销售单位：(章)

第三联 发票联 购货方记账凭证

税总函[2015]664号海南华鑫实业公司

业务 92-2

# 用 水 量 记 录

2018 年 12 月 31 日

| 使用部门 | 单价(元/$m^3$) | 用水量($m^3$) | 水　　费 |
| --- | --- | --- | --- |
| 加工车间 | 2.25 | 320 | |
| 铸造车间 | 2.25 | 1 500 | |
| 管理部门 | 2.25 | 200 | |
| 销售部门 | 2.25 | 80 | |
| 机修车间 | 2.25 | 150 | |
| 车　　队 | 2.25 | 215 | |
| 合　　计 | | 2 465 | ￥5 546.25 |

记录员：周　惠

业务 92-3

中国工商银行
转账支票存根

支票号码　№：6739546821

科　　目

对方科目

签发日期　2018 年 12 月 31 日

| | |
| --- | --- |
| 收款人： | 福州仓山区自来水公司 |
| 金　额： | ￥6 100.88 |
| 用　途： | 本月水费 |
| 备　注： | |

单位主管　　　　会计 李　玲

业务 93-1

# 车队司机出车补助花名册

2018 年 12 月 31 日

| 序号 | 姓名 | 金额 | 签字 |
|---|---|---|---|
| 1 | 黄明风 | 1 453.33 | |
| 2 | 陈志海 | 1 366.65 | |
| 3 | 曾志龙 | 1 446.87 | |
| 4 | 林　飞 | 1 373.36 | |
| 5 | 李江斌 | 1 506.27 | （略） |
| 6 | 郭文铭 | 1 486.65 | |
| 7 | 刘建锋 | 1 453.39 | |
| 8 | 杨有文 | 1 520.41 | |
| 合计 | | ￥11 606.93 | |

业务 93-2

中国工商银行
现金支票存根

支票号码　No：7472632

附加信息

签发日期　2018 年 12 月 31 日

| | |
|---|---|
| 收款人： | |
| 金　额： | ￥11 606.93 |
| 用　途： | 发放车队出车补贴款 |
| 备　注： | |

单位主管　　会计 李　玲

业务 94-1

# 发出材料加权平均单位成本计算表

2018 年 12 月 31 日

| 材料名称及型号 | | | 本月期初 | | 本月购入 | | 加权平均单价 |
|---|---|---|---|---|---|---|---|
| | | | 数量 | 金额 | 数量 | 金额 | |
| 原材料 | 原主材料 | 纯铝 | | | | | |
| | | 硅 | | | | | |
| | 辅助材料 | 切削液 | | | | | |
| | | 液压油 | | | | | |
| | | 钢铁除油剂 | | | | | |
| | 燃料 | 柴油 | | | | | |
| | | 重油 | | | | | |
| | 包装材料 | 塑料膜 | | | | | |
| 周转材料 | 包装物 | Jetta 包装箱 | | | | | |
| | | Santana 包装箱 | | | | | |
| | | Sail 包装箱 | | | | | |
| | 低值易耗品 | 劳保鞋 | | | | | |
| | | 耐热手套 | | | | | |
| | | 工作服 | | | | | |

业务 94-2

# 发出材料耗用量统计表

2018 年 12 月 31 日

| 材料名称及型号 | | | 领料用途 | | | | | | | | | 发出数量合计 |
|---|---|---|---|---|---|---|---|---|---|---|---|---|
| | | | 生产领用 | | | 车间及部门领用 | | | | | | |
| | | | 活塞 Jetta | 活塞 Santana | 活塞 Sail | 加工车间 | 铸造车间 | 机修车间 | 车队 | 管理部门 | 销售部门 | |
| 原材料 | 原主材料 | 纯铝 | | | | | | | | | | |
| | | 硅 | | | | | | | | | | |
| | 辅助材料 | 切削液 | | | | | | | | | | |
| | | 液压油 | | | | | | | | | | |
| | | 钢铁除油剂 | | | | | | | | | | |
| | 燃料 | 柴油 | | | | | | | | | | |
| | | 重油 | | | | | | | | | | |
| | 包装材料 | 塑料膜 | | | | | | | | | | |
| 周转材料 | 包装物 | Jetta 包装箱 | | | | | | | | | | |
| | | Santana 包装箱 | | | | | | | | | | |
| | | Sail 包装箱 | | | | | | | | | | |
| | 低值易耗品 | 劳保鞋 | | | | | | | | | | |
| | | 耐热手套 | | | | | | | | | | |
| | | 工作服 | | | | | | | | | | |

业务 94-3

# 发出材料耗用金额计算表

2018 年 12 月 31 日

| 材料名称及型号 | | | 领料用途 | | | | | | | | | 发出金额合计 |
|---|---|---|---|---|---|---|---|---|---|---|---|---|
| | | | 生产领用 | | | 车间及部门领用 | | | | | | |
| | | | 活塞 Jetta | 活塞 Santana | 活塞 Sail | 加工车间 | 铸造车间 | 机修车间 | 车队 | 管理部门 | 销售部门 | |
| 原材料 | 原主材料 | 纯铝 | | | | | | | | | | |
| | | 硅 | | | | | | | | | | |
| | 辅助材料 | 切削液 | | | | | | | | | | |
| | | 液压油 | | | | | | | | | | |
| | | 钢铁除油剂 | | | | | | | | | | |
| | 燃料 | 柴油 | | | | | | | | | | |
| | | 重油 | | | | | | | | | | |
| | 包装材料 | 塑料膜 | | | | | | | | | | |
| | 小计 | | | | | | | | | | | |
| 周转材料 | 包装物 | Jetta 包装箱 | | | | | | | | | | |
| | | Santana 包装箱 | | | | | | | | | | |
| | | Sail 包装箱 | | | | | | | | | | |
| | 低值易耗品 | 劳保鞋 | | | | | | | | | | |
| | | 耐热手套 | | | | | | | | | | |
| | | 工作服 | | | | | | | | | | |
| | 小计 | | | | | | | | | | | |
| 合计 | | | | | | | | | | | | |

业务 94-4

# 原材料及周转材料发出汇总表

2018 年 12 月 31 日

| 会计账户 | 领用单位及用途 | 原材料 | | | | 周转材料 | | 合计 |
|---|---|---|---|---|---|---|---|---|
| | | 原主材料 | 辅助材料 | 燃料 | 包装材料 | 包装物 | 低值易耗品 | |
| 生产成本——基本生产成本 | 活塞 Jetta | | | | | | | |
| | 活塞 Santana | | | | | | | |
| | 活塞 Sail | | | | | | | |
| 生产成本——辅助生产成本 | 机修车间 | | | | | | | |
| | 车队 | | | | | | | |
| 制造费用 | 铸造车间 | | | | | | | |
| | 加工车间 | | | | | | | |
| 管理费用 | | | | | | | | |
| 销售费用 | | | | | | | | |
| 合计 | | | | | | | | |

业务 95

# 存货盘点报告表

2018 年 12 月 31 日

| 存货类别 | 存货名称 | 计量单位 | 数量(千克) | | 盘盈 | | 盘亏 | | 备注 |
|---|---|---|---|---|---|---|---|---|---|
| | | | 账存 | 实存 | 数量 | 金额 | 数量 | 金额 | |
| 燃料 | 重油 | 千克 | 3 090 | 3 080 | | | 10 | | |
| | | | | | | | | | |
| | | | | | | | | | |
| | | | | | | | | | |
| 合计 | | | | | | | | | |

仓管员：林小燕　　　　制表人：李　玲

业务 96

## 关于核销存货盘亏的请示

公司领导：

年末盘点原材料，发现燃料——重油 180＃盘亏 10 千克，盘亏原因系合理范围内的计量误差，请批准转入“管理费用”。

福州安达汽车配件有限公司

财务科

2018 年 12 月 31 日

福州安达汽车配件有限公司 财务科

经研究决定，同意清查小组意见。

2018 年 12 月 31 日

业务 97-1

# 工资结算汇总表

2018 年 12 月 31 日

| 车间部门 \ 项目 | | 基本工资 | 综合奖金 | 津贴 | 缺勤应扣工资 | 应付工资 | 代扣款项 | | | | | 实发工资 |
|---|---|---|---|---|---|---|---|---|---|---|---|---|
| | | | | | | | 个人所得税 | 养老保险 | 失业保险 | 医疗保险 | 住房公积金 | |
| 加工车间 | 生产工人 | 232 429.00 | 55 967.34 | 92 373.98 | 3 853.04 | 376 917.28 | 847.47 | 12 480.00 | 780.00 | 5 685.50 | 15 600.00 | 341 524.31 |
| | 管理人员 | 4 761.39 | 763.03 | 1 091.22 | 0.00 | 6 615.64 | 156.25 | 364.80 | 22.80 | 145.78 | 456.00 | 5 470.01 |
| 铸造车间 | 生产工人 | 102 805.13 | 24 754.78 | 40 857.72 | 1 704.23 | 166 713.40 | 379.31 | 5 600.00 | 350.00 | 2 551.19 | 7 000.00 | 150 832.90 |
| | 管理人员 | 3 265.70 | 659.44 | 577.37 | 57.45 | 4 445.06 | 111.38 | 228.80 | 14.30 | 72.89 | 286.00 | 3 731.69 |
| 机修车间 | | 6 147.41 | 1 656.11 | 2 361.11 | 115.17 | 10 049.46 | 244.63 | 240.00 | 15.00 | 72.89 | 300.00 | 9 176.94 |
| 车队 | | 9 615.60 | 2 126.15 | 3 711.66 | 0.00 | 15 453.41 | 79.31 | 480.00 | 30.00 | 218.67 | 600.00 | 14 045.43 |
| 管理部门 | | 34 571.28 | 9 604.93 | 14 697.34 | 300.23 | 58 573.32 | 1 182.98 | 2 880.00 | 180.00 | 913.62 | 3 600.00 | 49 816.72 |
| 销售部门 | | 17 974.06 | 4 328.03 | 7 143.41 | 297.96 | 29 147.54 | 407.47 | 1 084.80 | 67.80 | 437.35 | 1 356.00 | 25 794.12 |
| 合计 | | 411 569.57 | 99 859.81 | 162 813.81 | 6 328.08 | 667 915.11 | 3 408.80 | 23 358.40 | 1 459.90 | 10 097.89 | 29 198.00 | 600 392.12 |

业务 97-2

# 工资费用分配计算表

2018 年 12 月 31 日

| 产品车间部门 | | 生产工时(小时) | 分配率 | 分配金额 |
|---|---|---|---|---|
| 加工车间生产工人 | 活塞 Jetta | 15 000 | | |
| | 活塞 Santana | 16 000 | | |
| | 活塞 Sail | 9 000 | | |
| | 小计 | 40 000 | | 376 917.28 |
| 加工车间管理人员 | | | | 6 615.64 |
| 铸造车间生产工人 | 活塞 Jetta | 7 000 | | |
| | 活塞 Santana | 8 000 | | |
| | 活塞 Sail | 5 000 | | |
| | 小计 | 20 000 | | 166 713.40 |
| 铸造车间管理人员 | | | | 4 445.06 |
| 机修车间 | | | | 10 049.46 |
| 车队 | | | | 15 453.41 |
| 管理部门 | | | | 58 573.32 |
| 销售部门 | | | | 29 147.54 |
| 合计 | | | | 667 915.11 |

业务 98-1

# 社会保险费申报表

缴费人名称(盖章)：福州安达汽车配件有限公司

缴费人电脑编码：350107705117856

缴费人社保编码：10118885878　　申报时间：2018 年 12 月 31 日　　单位：元、人

<table>
<tr><td colspan="9">费款所属日期：2018 年 12 月 1 日至 2018 年 12 月 31 日</td></tr>
<tr><td colspan="3">缴 费 性 质</td><td colspan="6">正常申报 ○　稽核查补 ○　年度结算 ○　预缴 ○　利息 ○</td></tr>
<tr><td rowspan="2">序号</td><td colspan="2" rowspan="2">缴 费 费 种</td><td colspan="2" rowspan="2">缴 费 对 象</td><td rowspan="2">缴费人数</td><td colspan="3">缴 费 情 况</td></tr>
<tr><td>缴费基数</td><td>费率%</td><td>缴费金额</td></tr>
<tr><td>1</td><td colspan="2" rowspan="6">基本养老保险费</td><td colspan="2">单　位</td><td></td><td></td><td></td><td></td></tr>
<tr><td>2</td><td colspan="2">职工个人</td><td></td><td></td><td></td><td></td></tr>
<tr><td>3</td><td rowspan="3">个 体<br>工商户</td><td>本人</td><td></td><td></td><td></td><td></td></tr>
<tr><td>4</td><td>雇主</td><td></td><td></td><td></td><td></td></tr>
<tr><td>5</td><td>雇工</td><td></td><td></td><td></td><td></td></tr>
<tr><td>6</td><td colspan="2">代收代缴</td><td></td><td></td><td></td><td></td></tr>
<tr><td>7</td><td colspan="2" rowspan="6">失业保险费</td><td colspan="2">单　位</td><td></td><td></td><td></td><td></td></tr>
<tr><td>8</td><td colspan="2">职工个人</td><td></td><td></td><td></td><td></td></tr>
<tr><td>9</td><td rowspan="2">农民工</td><td>不缴费</td><td></td><td></td><td></td><td></td></tr>
<tr><td>10</td><td>缴　费</td><td></td><td></td><td></td><td></td></tr>
<tr><td>11</td><td rowspan="2">个 体<br>工商户</td><td>雇　主</td><td></td><td></td><td></td><td></td></tr>
<tr><td>12</td><td>雇　工</td><td></td><td></td><td></td><td></td></tr>
<tr><td>13</td><td rowspan="4">医疗保险费</td><td rowspan="2">基本医疗保险</td><td colspan="2">单　位</td><td></td><td></td><td></td><td></td></tr>
<tr><td>14</td><td colspan="2">职工个人</td><td></td><td></td><td></td><td></td></tr>
<tr><td>15</td><td rowspan="2">外来人(农民工)住院费</td><td colspan="2">单　位</td><td></td><td></td><td></td><td></td></tr>
<tr><td>16</td><td colspan="2">职工个人</td><td></td><td></td><td></td><td></td></tr>
<tr><td>17</td><td colspan="2" rowspan="4">工伤保险费</td><td colspan="2">单　位</td><td></td><td></td><td></td><td></td></tr>
<tr><td>18</td><td colspan="2">职工个人</td><td></td><td></td><td></td><td></td></tr>
<tr><td>19</td><td rowspan="2">个 体<br>工商户</td><td>雇主</td><td></td><td></td><td></td><td></td></tr>
<tr><td>20</td><td>雇工</td><td></td><td></td><td></td><td></td></tr>
<tr><td>21</td><td colspan="2" rowspan="2">生育保险费</td><td colspan="2">单　位</td><td></td><td></td><td></td><td></td></tr>
<tr><td>22</td><td colspan="2">职工个人</td><td></td><td></td><td></td><td></td></tr>
<tr><td>23</td><td colspan="7">合　　　　计</td><td></td></tr>
</table>

缴费单位负责人：　　财会主管：　　缴费经办人：

业务 98-2

# 基本养老保险费与失业保险费缴费明细表

2018 年 12 月 31 日

| 序号 | 姓名 | 缴费基数 | 基本养老保险费 | | 失业保险费 | |
|---|---|---|---|---|---|---|
| | | | 单位 | 个人 | 单位 | 个人 |
| 1 | 陈高明 | 4 500.00 | 810.00 | 360.00 | 45.00 | 22.50 |
| 2 | 林　力 | 4 200.00 | 756.00 | 336.00 | 42.00 | 21.00 |
| 3 | 李　昕 | 4 180.00 | 752.40 | 334.40 | 41.80 | 20.90 |
| … | … | … | … | … | … | … |
| … | … | … | … | … | … | … |
| … | … | … | … | … | … | … |
| 137 | 林小国 | 2 000.00 | 360.00 | 160.00 | 20.00 | 10.00 |
| 138 | 郭林道 | 1 800.00 | 324.00 | 144.00 | 18.00 | 9.00 |
| 合　　计 | | ¥291 980.00 | ¥52 556.40 | ¥23 358.40 | ¥2 919.80 | ¥1 459.90 |

业务 98-3

# 基本医疗保险费缴费明细表

2018 年 12 月 31 日

| 序号 | 姓名 | 缴费基数 | 单位缴费 | 个人缴费 |
|---|---|---|---|---|
| 1 | 陈高明 | 4 500.00 | 360.00 | 90.00 |
| 2 | 林　力 | 4 200.00 | 336.00 | 84.00 |
| 3 | 李　昕 | 4 180.00 | 334.40 | 83.60 |
| … | … | … | … | … |
| … | … | … | … | … |
| … | … | … | … | … |
| 137 | 林小国 | 3 644.55 | 291.57 | 72.89 |
| 138 | 郭林道 | 3 644.55 | 291.57 | 72.89 |
| 合　　计 | | ¥504 894.25 | ¥40 391.54 | ¥10 097.89 |

业务 98-4

# 工伤保险费与生育保险费缴费明细表

2018 年 12 月 31 日

| 序号 | 姓名 | 缴费基数 | 工伤保险费 | 生育保险费 |
|---|---|---|---|---|
| 1 | 陈高明 | 4 500.00 | 22.50 | 22.50 |
| 2 | 林　力 | 4 200.00 | 21.00 | 21.00 |
| 3 | 李　昕 | 4 180.00 | 20.90 | 20.90 |
| … | … | … | … | … |
| … | … | … | … | … |
| … | … | … | … | … |
| 137 | 林小国 | 3 123.90 | 15.62 | 15.62 |
| 138 | 郭林道 | 3 123.90 | 15.62 | 15.62 |
| 合　　计 | | ¥434 606.50 | ¥2 173.03 | ¥2 173.03 |

业务 98-5

# 社会保险费费用分配表

2018 年 12 月 31 日

| 产品车间部门 | | 生产工时（小时） | 分配金额（合计） | 养老 | 失业 | 医保 | 工伤 | 生育 |
|---|---|---|---|---|---|---|---|---|
| 加工车间 | 活塞 Jetta | 15 000 | 20 556.99 | 10 530.00 | 585.00 | 8 528.25 | 456.87 | 456.87 |
| 生产工人 | 活塞 Santana | 16 000 | 21 927.45 | 11 232.00 | 624.00 | 9 096.79 | 487.33 | 487.33 |
| | 活塞 Sail | 9 000 | 12 334.19 | 6 318.00 | 351.00 | 5 116.95 | 274.12 | 274.12 |
| | 小　计 | 40 000 | 54 818.63 | 28 080.00 | 1 560.00 | 22 741.99 | 1 218.32 | 1 218.32 |
| 加工车间管理人员 | | | 1 512.01 | 820.80 | 45.60 | 583.13 | 31.24 | 31.24 |
| 铸造车间 | 活塞 Jetta | 7 000 | 8 609.34 | 4 410.00 | 245.00 | 3 571.66 | 191.34 | 191.34 |
| 生产工人 | 活塞 Santana | 8 000 | 9 839.24 | 5 040.00 | 280.00 | 4 081.90 | 218.67 | 218.67 |
| | 活塞 Sail | 5 000 | 6 149.53 | 3 150.00 | 175.00 | 2 551.19 | 136.67 | 136.67 |
| | 小　计 | 20 000 | 24 598.11 | 12 600.00 | 700.00 | 10 204.75 | 546.68 | 546.68 |
| 铸造车间管理人员 | | | 866.20 | 514.80 | 28.60 | 291.56 | 15.62 | 15.62 |
| 机修车间 | | | 892.80 | 540.00 | 30.00 | 291.56 | 15.62 | 15.62 |
| 车　　队 | | | 2 108.41 | 1 080.00 | 60.00 | 874.69 | 46.86 | 46.86 |
| 管理部门 | | | 10 904.42 | 6 480.00 | 360.00 | 3 654.48 | 204.97 | 204.97 |
| 销售部门 | | | 4 513.22 | 2 440.80 | 135.60 | 1 749.38 | 93.72 | 93.72 |
| 合　计 | | | 100 213.80 | 52 556.40 | 2 919.80 | 40 391.54 | 2 173.03 | 2 173.03 |

备注：企业负担的生产工人社会保险费按当月生产工时进行分配。

业务 99-1

# 工会经费费用分配表

2018 年 12 月 31 日

| 产品车间部门 | | 生产工时（小时） | 工会经费费用分配额 |
|---|---|---|---|
| 加工车间 | 活塞 Jetta | 15 000 | 468.00 |
| 生产工人 | 活塞 Santana | 16 000 | 499.20 |
| | 活塞 Sail | 9 000 | 280.80 |
| | 小　计 | 40 000 | 1 248.00 |
| 加工车间管理人员 | | | 36.48 |
| 铸造车间 | 活塞 Jetta | 7 000 | 196.00 |
| 生产工人 | 活塞 Santana | 8 000 | 224.00 |
| | 活塞 Sail | 5 000 | 140.00 |
| | 小　计 | 20 000 | 560.00 |
| 铸造车间管理人员 | | | 22.88 |
| 机修车间 | | | 24.00 |
| 车　　队 | | | 48.00 |
| 管理部门 | | | 288.00 |
| 销售部门 | | | 108.48 |
| 合　计 | | | ￥2 335.84 |

备注：企业负担的生产工人工会经费按当月生产工时进行分配。

业务 99-2

# 通用申报表

2018 年 12 月 31 日

| 序号 | 征收品目 | 征收子目 | 开始年月 | 截止年月 | 应税项(1) | 减除项(2) | 计税(费)依据 3=1－2 | 税(费)率或单位税额(4) | 速算扣除数(5) | 本期有应纳税额(6)=(3)×(4)－(5) |
| --- | --- | --- | --- | --- | --- | --- | --- | --- | --- | --- |
| 1 | 其他收入 | 工会经费 | 20181201 | 20181231 | 291 980.00 | 0 | 291 980.00 | 0.008 | 0.00 | 2 335.84 |
| 合 计 | | | | | | | | | | ￥2 335.84 |

业务 100-1

# 单位职工公积金基数核定表

住房公积金 □√/住房补贴 □

单位名称：(盖章) 福州安达汽车配件有限公司

| 个 人 账 号 | 姓 名 | 调整后基数(元) |
| --- | --- | --- |
| 350103892598711 | 陈高明 | 4 500.00 |
| 350103892598712 | 林 力 | 4 200.00 |
| 350103892598713 | 李 昕 | 4 180.00 |
| …… | …… | …… |
| …… | …… | …… |
| …… | …… | …… |
| 350103892598977 | 林小园 | 2 000.00 |
| 350103892598978 | 郭林道 | 1 800.00 |
| 合 计 | | ￥291 980.00 |

共计：138 人　　缴纳基数合计：￥291 980.00 元　　月缴交额合计￥58 396.00 元

单位地址：福州市仓山区朝阳路 666 号　　联系人：陈小艺

邮政编码：350007　　联系电话：83856611

业务 100-2

## 关于缴交单位职工住房公积金请示

公司领导：

福州市住房公积金管理中心核定的本单位 2018 年 7 月 1 日至 2019 年 6 月 30 日的单位职工住房公积金月缴存基数为￥291 980.00。申请分别按 8%的比例计算职工个人月应缴额（￥29 198.00）和单位补贴额（￥29 198.00）。

福州安达汽车配件有限公司

财务科

2018 年 7 月 4 日

经研究决定，同意财务科意见。

2018 年 7 月 5 日

业务 100-3

## 住房公积金费用分配表

2018 年 12 月 31 日

| 产品车间部门 | | 生产工时（小时） | 住房公积金分配额 |
|---|---|---|---|
| 加工车间 | 活塞 Jetta | 15 000 | 5 850.00 |
| 生产工人 | 活塞 Santana | 16 000 | 6 240.00 |
| | 活塞 Sail | 9 000 | 3 510.00 |
| | 小　计 | 40 000 | 15 600.00 |
| 加工车间管理人员 | | | 456.00 |
| 铸造车间 | 活塞 Jetta | 7 000 | 2 450.00 |
| 生产工人 | 活塞 Santana | 8 000 | 2 800.00 |
| | 活塞 Sail | 5 000 | 1 750.00 |
| | 小　计 | 20 000 | 7 000.00 |
| 铸造车间管理人员 | | | 286.00 |
| 机修车间 | | | 300.00 |
| 车　　队 | | | 600.00 |
| 管理部门 | | | 3 600.00 |
| 销售部门 | | | 1 356.00 |
| 合　计 | | | ￥29 198.00 |

备注：企业负担的生产工人工会经费按当月生产工时进行分配。

# 增值税纳税申请表

（适用于增值税一般付款人）

根据《中华人民共和国增值税暂行条例》第二十二条和第二十三条的规定制定本表，付款人不论有无销售额，均应按主管税务机关核定的纳税期限填报本表，并于次月一日至十日内，向当地税务机关申报。

税款所属时间：　　　　填报日期：　　　　金额单位：元至角分

| 付款人识别号 | | | | | | | |
|---|---|---|---|---|---|---|---|
| 付款人名称 | | 法定代表人名称 | | 注册地址 | | 营业地址 | |
| 开户银行及账号 | | 企业登记注册类型 | | | | 电话号码 | |

| 项目 | | 栏次 | 一般项目 | | 即征即退项目 | |
|---|---|---|---|---|---|---|
| | | | 本月数 | 累计数 | 本月数 | 累计数 |
| 销售额 | （一）按适用税率征税货物及劳务销售额 | 1 | | | | |
| | 其中：应税货物销售额 | 2 | | | | |
| | 应税劳务销售额 | 3 | | | | |
| | 应税检查调整的销售额 | 4 | | | | |
| | （二）按简易征收办法征税货物销售额 | 5 | | | | |
| | 其中：纳税检查调整的销售额 | 6 | | | | |
| | （三）免、抵、退办法出口货物销售额 | 7 | | | | |
| | （四）免税货物销售额 | 8 | | | | |
| | 其中：免税货物销售额 | 9 | | | | |
| | 免税劳务销售额 | 10 | | | | |
| 税款计算 | 销项税额 | 11 | | | | |
| | 进项税额 | 12 | | | | |
| | 上期留抵税额 | 13 | | | | |
| | 进项税额转出 | 14 | | | | |
| | 免抵退货物应退税额 | 15 | | | | |
| | 按适用税率计算的纳税检查应补缴税额 | 16 | | | | |
| | 应抵扣税额合计（17＝12＋13－14－15＋16） | 17 | | | | |
| | 实际抵扣税额 18（如 17＜11 则 17 否为 11） | 18 | | | | |
| | 应纳税额 19＝11－18 | 19 | | | | |
| | 期末留抵 20＝17－18 | 20 | | | | |
| | 简易征收办法计算的应纳税额 | 21 | | | | |
| | 按简易征收办法计算的纳税检查应补缴税额 | 22 | | | | |
| | 应纳税额减征额 | 23 | | | | |
| | 应纳税额合计 24＝19＋21－23 | 24 | | | | |
| 税款缴纳 | 期初未缴税额（多缴为负数） | 25 | | | | |
| | 实收出口开具专用缴款书退税额 | 26 | | | | |
| | 本期已缴税额 27＝28＋29＋30＋31 | 27 | | | | |
| | 1. 分次预缴税款 | 28 | | | | |
| | 2. 出口开具专用缴款书预缴税额 | 29 | | | | |
| | 3. 本期缴纳上期应纳税额 | 30 | | | | |
| | 4. 本期缴纳欠缴税额 | 31 | | | | |
| | 期末未缴税额（多缴为负数）32＝24＋25＋26－27 | 32 | | | | |
| | 其中：欠缴税额（≥0）33＝25＋26－27 | 33 | | | | |
| | 本期应补（退）税额 34＝24－28－29 | 34 | | | | |
| | 即征即退实际退税额 | 35 | | | | |
| | 期初未缴查补税额 | 36 | | | | |
| | 本期入库查补税额 | 37 | | | | |
| | 期末未缴查补税额 | 38 | | | | |

| 授权说明 | | 申报人申明 | |
|---|---|---|---|
| | 如果你已委托代理人申报，请填写下列资料：为代理一切税务事宜，现授权（地址）为本付款人的代理申报人，任何由本申报表有关的来往文件都可寄予此人。<br>授权人签字： | | 此纳税申报表是根据《中华人民共和国增值税暂行条例》的规定填报的，我确定它是真实的、可靠的、完整的。<br>声明人签字 |

接收人：　　　　主管税务机关盖章：

业务 102

# 福建省地方税(费)纳税(费)申报表

纳税人名称(盖章):

纳税人识别号: 2018 年 12 月 31 日 金额:元

| 序号 | 税种 | 应税项目 | 税款所属时间 | 计税数量 | 计税金额 | 税率或单位税额 | 应纳税款 | 批准减免税额 | 批准缓缴税额 | 已缴税额 | 应入库税额 |
|---|---|---|---|---|---|---|---|---|---|---|---|
| 1 | 城市维护建设税 | 增值税附征 | | | | 7% | | | | | |
| 2 | 地方教育费附加 | 增值税附征 | | | | 1% | | | | | |
| 3 | 教育费附加 | 增值税附征 | | | | 3% | | | | | |
| 4 | 印花税 | 购销合同 | | | | 0.03% | | | | | |
| 5 | | | | | | | | | | | |
| 6 | | | | | | | | | | | |
| 7 | | | | | | | | | | | |
| 8 | | | | | | | | | | | |
| 合计: | | | | | | | | | | | |
| 减免税性质 | | | | | | | | | | | |

企业负责人: 财会主管: 办税员: 税务经办人:

业务 103

# 交易性金融资产公允价值变动损益计算表

2018 年 12 月 31 日

| 交易性金融资产项目 | 持有数量 | 资产成本 | “交易性金融资产——公允价值变动”现有余额 | | 资产账面余额 | 期末市场单价 | 资产公允价值 | 公允价值变动损益 | |
|---|---|---|---|---|---|---|---|---|---|
| | | | 借方 | 贷方 | | | | 损失 | 利得 |
| 广东明珠 | 80 000 | | | | | 8.88 | 710 400.00 | | |
| | | | | | | | | | |
| | | | | | | | | | |
| | | | | | | | | | |

复核: 制表:

业务 104

# 坏账准备计提计算表

2018 年 12 月 31 日

| 项目 | | 行次 | 金额 |
|---|---|---|---|
| “应收账款”账户期末余额 | | 1 | |
| 计提比例 | | 2 | 5‰ |
| 应计提坏账准备 | | 3 | |
| “坏账准备”账户的现有余额 | 借方 | 4 | |
| | 贷方 | 5 | |
| 应补提坏账准备 | | 6 | |
| 应冲回坏账准备 | | 7 | |

复核: 制表:

业务 105

## 存货跌价准备计提计算表

2018 年 12 月 31 日

| 存货名称 | 存货成本 | “存货跌价准备”现有余额 | | 存货账面余额 | 存货可变现净值 | 存货跌价准备 | |
|---|---|---|---|---|---|---|---|
| | | 借方 | 贷方 | | | 补提 | 冲回 |
| 硅 | | | | | 16 800.00 | | |
| | | | | | | | |
| | | | | | | | |
| | | | | | | | |
| 合　　计 | | | | | | | |

复核：　　　　　　　　　　　　　　制表：

业务 106

## 固定资产折旧计算表

2018 年 12 月 31 日

| 使用部门或用途 | 11 月份计提折旧额 | 11 月份增加固定资产计提折旧额 | 11 月份减少固定资产计提折旧额 | 12 月份应计提折旧额 |
|---|---|---|---|---|
| 加工车间 | 16 000.00 | | | |
| 铸造车间 | 9 000.00 | 1 000.00 | | |
| 机修车间 | 5 000.00 | | | |
| 车　队 | 8 000.00 | | | |
| 管理部门 | 12 000.00 | 300.00 | 700.00 | |
| 销售部门 | 3 000.00 | | | |
| 出　租 | 2 000.00 | | | |
| 合　计 | 55 000.00 | | | |

复核：　　　　　　　　　　　　　　制表：

业务 107

## 无形资产摊销计算表

2018 年 12 月 31 日

| 项　目 | 账面成本 | 摊销期限(年) | 当月摊销额 |
|---|---|---|---|
| 土地使用权 | 1 800 000.00 | 30 | 5 000.00 |
| | | | |
| | | | |
| 合　　计 | | | 5 000.00 |

复核：　　　　　　　　　　　　　　制表：

业务 108

## 有关费用摊销计算表

2018 年 12 月 31 日

| 费用项目 | 受益期间 | 共摊销期限(月) | 未摊销期限(月) | 未摊销金额 | 本月摊销额 |
|---|---|---|---|---|---|
| 报刊征订费 | 2018.1—2018.12 | 12 | 1 | 400 | 400.00 |
| 厂房保险费 | 2018.12—2019.11 | 12 | 12 | 3 600 | 300.00 |
| | | | | | |
| 合　　计 | | | | | 700.00 |

复核：　　　　　　　　　　　制表：

业务 109

## 应付利息计算表

2018 年 12 月 31 日

| 项　　目 | 本　　金 | 利　　率(月) | 金　　额 |
|---|---|---|---|
| 短期借款利息 | 500 000.00 | 0.452% | 2 260.00 |
| | | | |
| | | | |
| 合　　计 | | | 2 260.00 |

复核：　　　　　　　　　　　制表：

业务 110

## 内 部 转 账 单

2018 年 12 月 31 日

| 项　　目 | 金　　额 |
|---|---|
| 结转本月发生的职工福利费支出 | |

复核：　　　　　　　　　　　制表：

业务 111

# 内部转账单

2018 年 12 月 31 日

| 项目 | 金额 |
| --- | --- |
| 结转本月发生的职工教育经费支出 | |

复核：　　　　　　　　　　　　　　制表：

业务 112-1

# 辅助生产车间提供劳务记录

2018 年 12 月 31 日

| 辅助生产车间 | 计量单位 | 提供劳务总量 | 受益车间(部门)及受益数量 | | | | | |
| --- | --- | --- | --- | --- | --- | --- | --- | --- |
| | | | 加工车间 | 铸造车间 | 机修车间 | 车队 | 管理部门 | 销售部门 |
| 机修车间 | 小时 | 1 530 | 800 | 500 | — | 30 | 120 | 80 |
| 车队 | 公里 | 30 400 | 1 500 | 1 000 | 400 | — | 7 500 | 20 000 |

复核：　　　　　　　　　　　　　　制表：

业务 112-2

# 辅助生产费用分配表

2018 年 12 月 31 日

| 辅助生产车间 | 应分配费用 | 辅助车间以外的劳务量 | 分配率 | 加工车间 | | 铸造车间 | | 管理部门 | | 销售部门 | |
| --- | --- | --- | --- | --- | --- | --- | --- | --- | --- | --- | --- |
| | | | | 耗用量 | 分配额 | 耗用量 | 分配额 | 耗用量 | 分配额 | 耗用量 | 分配额 |
| 机修车间 | | | | | | | | | | | |
| 车队 | | | | | | | | | | | |

复核：　　　　　　　　　　　　　　制表：

业务 113-1

## 生产车间生产工时统计表

2018 年 12 月 31 日

| 车间部门 | | 生产工时数(小时) |
| --- | --- | --- |
| 加工车间 | 活塞 Jetta | 15 000 |
| | 活塞 Santana | 16 000 |
| | 活塞 Sail | 9 000 |
| | 小计 | 40 000 |
| 铸造车间 | 活塞 Jetta | 7 000 |
| | 活塞 Santana | 8 000 |
| | 活塞 Sail | 5 000 |
| | 小计 | 20 000 |
| 合计 | | 600 000 |

复核： 制表：

业务 113-2

## 制造费用分配计算表

2018 年 12 月 31 日

| 生产车间 | 应分配制造费用 | 生产工时（小时） | 分配率 | 活塞 Jetta | | 活塞 Santana | | 活塞 Sail | |
| --- | --- | --- | --- | --- | --- | --- | --- | --- | --- |
| | | | | 工时数 | 分配额 | 工时数 | 分配额 | 工时数 | 分配额 |
| 加工车间 | | | | | | | | | |
| 铸造车间 | | | | | | | | | |
| 合计 | | | | | | | | | |

复核： 制表：

业务 114-1

## 产品完工入库汇总表

2018 年 12 月 31 日

| 产品名称 | 计量单位 | 完工入库数量 | 单位成本 | 总成本 |
| --- | --- | --- | --- | --- |
| 活塞 Jetta | 只 | | | |
| 活塞 Santana | 只 | | | |
| 活塞 Sail | 只 | | | |
| 合计 | | | | |

复核： 制表：

业务 114-2

# 月末在产品盘存表

2018 年 12 月 31 日

| 产品名称 | 计量单位 | 数量 | 完工程度 | 在产品约当产量 |
|---|---|---|---|---|
| 活塞 Jetta | 只 | 5 000 | 80% | |
| 活塞 Santana | 只 | 8 000 | 70% | |
| 活塞 Sail | 只 | 2 000 | 90% | |

复核： 制表：

（注：本公司期末在产品约当量按完工度计算）

业务 114-3

# 生产成本计算单

产品名称：活塞 Jetta 2018 年 12 月 31 日

| 摘要 | 成本项目 | | | 合计 |
|---|---|---|---|---|
| | 直接材料 | 直接人工 | 制造费用 | |
| 月初在产品成本 | | | | |
| 本月生产费用 | | | | |
| 生产费用合计 | | | | |
| 完工产品成本 | | | | |
| 月末在产品成本 | | | | |

复核： 制表：

（注：本公司采用约当产量法分配产成品和期末在产品的成本）

业务 114-4

# 生产成本计算单

产品名称：活塞 Santana 2018 年 12 月 31 日

| 摘要 | 成本项目 | | | 合计 |
|---|---|---|---|---|
| | 直接材料 | 直接人工 | 制造费用 | |
| 月初在产品成本 | | | | |
| 本月生产费用 | | | | |
| 生产费用合计 | | | | |
| 完工产品成本 | | | | |
| 月末在产品成本 | | | | |

复核： 制表：

（注：本公司采用约当产量法分配产成品和期末在产品的成本）

业务 114-5

## 生产成本计算单

产品名称：活塞 Sail　　　　2018 年 12 月 31 日

| 摘　要 | 成　本　项　目 | | | 合　计 |
|---|---|---|---|---|
| | 直接材料 | 直接人工 | 制造费用 | |
| 月初在产品成本 | | | | |
| 本月生产费用 | | | | |
| 生产费用合计 | | | | |
| 完工产品成本 | | | | |
| 月末在产品成本 | | | | |

复核：　　　　制表：

（注：本公司采用约当产量法分配产成品和期末在产品的成本）

业务 115-1

## 库存商品加权平均单位成本计算表

2018 年 12 月 31 日

| 库存商品名称 | 计量单位 | 本月期初结存 | | 本月完工入库 | | 加权平均单位成本 |
|---|---|---|---|---|---|---|
| | | 数　量 | 金　额 | 数　量 | 金　额 | |
| 活塞 Jetta | 只 | | | | | |
| 活塞 Santana | 只 | | | | | |
| 活塞 Sail | 只 | | | | | |

复核：　　　　制表：

业务 115-2

## 产品销售成本计算表

2018 年 12 月 31 日

| 库存商品名称 | 销 售 数 量 | 加权平均单位成本 | 总　成　本 |
|---|---|---|---|
| 活塞 Jetta | | | |
| 活塞 Santana | | | |
| 活塞 Sail | | | |
| 合　计 | | | |

复核：　　　　制表：

业务116

# 中华人民共和国企业所得税
# 月(季)度纳税申报表(A类)

税款所属期间：　　年　　月　　日至　　年　　月　　日

纳税人电脑编码：□□□□□□□□□□□□□□□

纳税人名称：　　　　　　　　　　　　　　　　　　金额单位：人民币元(列至角分)

<table>
<tr><th>行次</th><th colspan="2">项　　　　目</th><th>本期金额</th><th>累计金额</th></tr>
<tr><td>1</td><td colspan="4">一、据实预缴</td></tr>
<tr><td>2</td><td colspan="2">营业收入</td><td></td><td></td></tr>
<tr><td>3</td><td colspan="2">营业成本</td><td></td><td></td></tr>
<tr><td>4</td><td colspan="2">利润额</td><td></td><td></td></tr>
<tr><td>5</td><td colspan="2">税率(25%)</td><td></td><td></td></tr>
<tr><td>6</td><td colspan="2">应纳所得税额(4行×5行)</td><td></td><td></td></tr>
<tr><td>7</td><td colspan="2">减免所得税额</td><td></td><td></td></tr>
<tr><td>8</td><td colspan="2">实际已缴所得税额</td><td></td><td></td></tr>
<tr><td>9</td><td colspan="2">应补(退)的所得税额(6行−7行−8行)</td><td></td><td></td></tr>
<tr><td>10</td><td colspan="4">二、按上一纳税年度应纳税所得额平均额预缴</td></tr>
<tr><td>11</td><td colspan="2">上一纳税年度应纳税所得额</td><td></td><td></td></tr>
<tr><td>12</td><td colspan="2">本月(季)应纳税所得额(11行÷4或11行÷12)</td><td></td><td></td></tr>
<tr><td>13</td><td colspan="2">税率(25%)</td><td></td><td></td></tr>
<tr><td>14</td><td colspan="2">本月(季)应纳所得税额(12行×13行)</td><td></td><td></td></tr>
<tr><td>15</td><td colspan="4">三、按照税务机关确定的其他方法预缴</td></tr>
<tr><td>16</td><td colspan="2">本月(季)确定的所得税额</td><td></td><td></td></tr>
<tr><td>17</td><td colspan="4">总分机构纳税人</td></tr>
<tr><td>18</td><td rowspan="3">总机构</td><td>总机构应分摊的所得税额(9行或14行或16行×25%)</td><td></td><td></td></tr>
<tr><td>19</td><td>中央财政集中分配税款的所得税额(9行或14行或16行×25%)</td><td></td><td></td></tr>
<tr><td>20</td><td>分支机构分摊的所得税额(9行或14行或16行×50%)</td><td></td><td></td></tr>
<tr><td>21</td><td rowspan="2">分支机构</td><td>分配比例</td><td></td><td></td></tr>
<tr><td>22</td><td>分配的所得税额(20行×21行)</td><td></td><td></td></tr>
<tr><td colspan="5">谨声明：此纳税申报表是根据《中华人民共和国企业所得税法》《中华人民共和国企业所得税法实施条例》和国家有关税收规定填报的，是真实的、可靠的、完整的。</td></tr>
</table>

业务 117

# 内部转账单

2018 年 12 月 31 日

| 摘　　要 | 转账项目 | 转入本年利润前净发生额 | |
|---|---|---|---|
| | | 借　方 | 贷　方 |
| 结转到“本年利润”账户 | 主营业务成本 | | |
| | 营业税金及附加 | | |
| | 其他业务成本 | | |
| | 销售费用 | | |
| | 管理费用 | | |
| | 财务费用 | | |
| | 营业外支出 | | |
| | 资产减值损失 | | |
| | 所得税费用 | | |
| | | | |
| 合　　计 | | | |

复核：　　　　　　　　　　　　　　　　　　　　　　制表：

业务 118

# 内部转账单

2018 年 12 月 31 日

| 摘　　要 | 转账项目 | 转入本年利润前净发生额 | |
|---|---|---|---|
| | | 借　方 | 贷　方 |
| 结转到“本年利润”账户 | 主营业务收入 | | |
| | 其他业务收入 | | |
| | 投资收益 | | |
| | 公允价值变动损益 | | |
| | 营业外收入 | | |
| | | | |
| 合　　计 | | | |

复核：　　　　　　　　　　　　　　　　　　　　　　制表：

业务 119

## 内部转账单

2018 年 12 月 31 日

| 摘　　要 | 转入分配利润前净发生额 | |
|---|---|---|
| | 借　　方 | 贷　　方 |
| 将本年利润结转到利润分配账户 | | |

复核：　　　　　　　　　　　　制表：

业务 120

## 盈余公积提取计算表

2018 年 12 月 31 日

| 项　目　名　称 | 提取依据(本年净利润) | 提　取　比　例 | 提　取　金　额 |
|---|---|---|---|
| 法定盈余公积 | | | |
| | | | |
| 合　　　计 | | | |

复核：　　　　　　　　　　　　制表：

业务 121

## 应付利润分配表

2018 年 12 月 31 日

| 分　配　对　象 | 可供分配的金额 | 分　配　比　例 | 分　配　金　额 |
|---|---|---|---|
| | | | |
| | | | |
| | | | |
| | | | |
| 合　　　计 | | | |

复核：　　　　　　　　　　　　制表：

业务 122

## 内部转账单

2018 年 12 月 31 日

| 摘　　要 | 转　账　项　目 | 金　　额 |
|---|---|---|
| 结转到“利润分配——未分配利润”账户 | 利润分配——提取盈余公积 | |
| | 利润分配——应付利润 | |

复核：　　　　　　　　　　　　制表：

业务 123-1

# 科目汇总表

年 月 日— 年 月 日 №汇

| 科目编号 | 科目名称 | 借方发生额 | 贷方发生额 | 过 账 |
|---|---|---|---|---|
| | | | | |
| | | | | |
| | | | | |
| | | | | |
| | | | | |
| | | | | |
| | | | | |
| | | | | |
| | | | | |
| | | | | |
| | | | | |
| | | | | |
| | | | | |
| | | | | |
| | | | | |
| | | | | |
| | | | | |
| | | | | |
| | | | | |
| | | | | |
| | | | | |
| | | | | |
| | | | | |
| | | | | |
| | | | | |
| | | | | |
| | | | | |
| 合 计 | | | | |

记账： 审核： 制表：

业务 123-2

# 科 目 汇 总 表

年 月 日— 年 月 日 №汇

| 科目编号 | 科目名称 | 借方发生额 | 贷方发生额 | 过 账 |
|---|---|---|---|---|
| | | | | |
| | | | | |
| | | | | |
| | | | | |
| | | | | |
| | | | | |
| | | | | |
| | | | | |
| | | | | |
| | | | | |
| | | | | |
| | | | | |
| | | | | |
| | | | | |
| | | | | |
| | | | | |
| | | | | |
| | | | | |
| | | | | |
| | | | | |
| | | | | |
| | | | | |
| | | | | |
| | | | | |
| | | | | |
| | | | | |
| | | | | |
| 合 计 | | | | |

记账： 审核： 制表：

业务 124-1

# 试算平衡表

年　　月　　日

| 科目编号 | 科　目　名　称 | 期　末　余　额 | |
|---|---|---|---|
| | | 借　方 | 贷　方 |
| | | | |
| | | | |
| | | | |
| | | | |
| | | | |
| | | | |
| | | | |
| | | | |
| | | | |
| | | | |
| | | | |
| | | | |
| | | | |
| | | | |
| | | | |
| | | | |
| | | | |
| | | | |
| | | | |
| | | | |
| | | | |
| | | | |
| | | | |
| | | | |
| | | | |
| | | | |
| 合　计 | | | |

审核：　　　　　　　　　　　　　　　　　　制表：

业务 124-2

# 试算平衡表

年　　月　　日

| 科目编号 | 科目名称 | 期末余额 | |
|---|---|---|---|
| | | 借方 | 贷方 |
| | | | |
| | | | |
| | | | |
| | | | |
| | | | |
| | | | |
| | | | |
| | | | |
| | | | |
| | | | |
| | | | |
| | | | |
| | | | |
| | | | |
| | | | |
| | | | |
| | | | |
| | | | |
| | | | |
| | | | |
| | | | |
| | | | |
| | | | |
| | | | |
| | | | |
| | | | |
| 合计 | | | |

审核：　　　　　　　　　　　　　　　　　　制表：

业务 125-1

# 资 产 负 债 表

会企 01 表

填表单位： ____年____月____日 单位：元

| 资　　产 | 期末余额 | 年初余额 | 负债和所有者权益（或股东权益） | 期末余额 | 年初余额 |
|---|---|---|---|---|---|
| 流动资产： | | | 流动负债： | | |
| 货币资金 | | | 短期借款 | | |
| 交易性金融资产 | | | 交易性金融负债 | | |
| 衍生金融资产 | | | 衍生金融负债 | | |
| 应收票据 | | | 应付票据 | | |
| 应收账款 | | | 应付账款 | | |
| 预付款项 | | | 预收款项 | | |
| 应收利息 | | | 合同负债 | | |
| 应收股利 | | | 应付职工薪酬 | | |
| 其他应收款 | | | 应交税费 | | |
| 存货 | | | 应付利息 | | |
| 合同资产 | | | 应付股利 | | |
| 持有待售资产 | | | 其他应付款 | | |
| 一年内到期的非流动资产 | | | 持有待售负债 | | |
| 其他流动资产 | | | 一年内到期的非流动负债 | | |
| 流动资产合计 | | | 其他流动负债 | | |
| 非流动资产： | | | 流动负债合计 | | |
| 债权投资 | | | 非流动负债： | | |
| 其他债权投资 | | | 长期借款 | | |
| 长期应收款 | | | 应付债券 | | |
| 长期股权投资 | | | 其中：优先股 | | |
| 其他权益工具投资 | | | 永续债 | | |
| 其他非流动金融资产 | | | 长期应付款 | | |
| 投资性房地产 | | | 专项应付款 | | |
| 固定资产 | | | 预计负债 | | |
| 在建工程 | | | 递延收益 | | |
| 工程物资 | | | 递延所得税负债 | | |
| 固定资产清理 | | | 其他非流动负债 | | |
| 生产性生物资产 | | | 非流动负债合计 | | |
| 油气资产 | | | 负债合计 | | |
| 无形资产 | | | 所有者权益(或股东权益)： | | |
| 开发支出 | | | 实收资本(或股本) | | |
| 商誉 | | | 其他权益工具 | | |
| 长期待摊费用 | | | 其中：优先股 | | |
| 递延所得税资产 | | | 永续债 | | |
| 其他非流动资产 | | | 资本公积 | | |
| 非流动资产合计 | | | 减：库存股 | | |
| | | | 其他综合收益 | | |
| | | | 盈余公积 | | |
| | | | 未分配利润 | | |
| | | | 所有者权益(或股东权益)合计 | | |
| 资产总计 | | | 负债和所有者权益（或股东权益）总计 | | |

业务 125-2

# 利　润　表

会企 02 表

填报单位：　　　　　　　　　　____年____月　　　　　　　　　　单位：元

| 项　　目 | 本期金额 | 上期金额 |
|---|---|---|
| 一、营业收入 | | |
| 减：营业成本 | | |
| 　税金及附加 | | |
| 　销售费用 | | |
| 　管理费用 | | |
| 　财务费用 | | |
| 　资产减值损失 | | |
| 加：公允价值变动收益（损失以"－"号填列） | | |
| 　净敞口套期收益（损失以"－"号填列） | | |
| 　投资收益（损失以"－"号填列） | | |
| 　　其中：对联营企业和合营企业的投资收益 | | |
| 　资产处置收益（损失以"－"号填列） | | |
| 　其他收益 | | |
| 二、营业利润（亏损以"－"号填列） | | |
| 加：营业外收入 | | |
| 减：营业外支出 | | |
| 三、利润总额（亏损总额以"－"号填列） | | |
| 减：所得税费用 | | |
| 四、净利润（净亏损以"－"号填列） | | |
| 　（一）持续经营净利润（净亏损以"－"号填列） | | |
| 　（二）终止经营净利润（净亏损以"－"号填列） | | |
| 五、其他综合收益的税后净额 | | |
| 　（一）以后不能重分类进损益的其他综合收益 | | |
| 　　1. 重新计量设定受益计划净负债或净资产的变动 | | |
| 　　2. 权益法下在被投资单位不能重分类进损益的其他综合收益中享有的份额 | | |
| 　　…… | | |
| 　（二）将重分类进损益的其他综合收益 | | |
| 　　1. 权益法下在被投资单位以后将重分类进损益的其他综合收益中享有的份额 | | |
| 　　2. 其他债权投资公允价值变动损益 | | |
| 　　3. 金融资产重分类转入损益的累计利得或损失 | | |
| 　　4. 现金流量套期损益的有效部分 | | |
| 　　5. 外币财务报表折算差额 | | |
| 　　…… | | |
| 六、综合收益总额 | | |
| 七、每股收益： | | |
| 　（一）基本每股收益 | | |
| 　（二）稀释每股收益 | | |

业务 125-3

# 现 金 流 量 表

会企 03 表

编制单位： 年度 单位：元

| 项 目 | 行次 | 本年金额 | 上年金额 |
|---|---|---|---|
| 一、经营活动产生的现金流量： | 1 | | |
| 销售商品、提供劳务收到的现金 | 2 | | |
| 收到的税费返还 | 3 | | |
| 收到其他与经营活动有关的现金 | 4 | | |
| 经营活动现金流入小计 | 5 | | |
| 购买商品、接受劳务支付的现金 | 6 | | |
| 支付给职工以及为职工支付的现金 | 7 | | |
| 支付的各项税费 | 8 | | |
| 支付其他与经营活动有关的现金 | 9 | | |
| 经营活动现金流出小计 | 10 | | |
| 经营活动产生的现金流量净额 | 11 | | |
| 二、投资活动产生的现金流量： | 12 | | |
| 收回投资收到的现金 | 13 | | |
| 取得投资收益收到的现金 | 14 | | |
| 处置固定资产、无形资产和其他长期资产收回的现金净额 | 15 | | |
| 处置子公司及其他营业单位收到的现金净额 | 16 | | |
| 收到其他与投资活动有关的现金 | 17 | | |
| 投资活动现金流入小计 | 18 | | |
| 购建固定资产、无形资产和其他长期资产支付的现金 | 19 | | |
| 投资支付的现金 | 20 | | |
| 取得子公司及其他营业单位支付的现金净额 | 21 | | |
| 支付其他与投资活动有关的现金 | 22 | | |
| 投资活动现金流出小计 | 23 | | |
| 投资活动产生的现金流量净额 | 24 | | |
| 三、筹资活动产生的现金流量： | 25 | | |
| 吸收投资收到的现金 | 26 | | |
| 取得借款收到的现金 | 27 | | |
| 收到其他与筹资活动有关的现金 | 28 | | |
| 筹资活动现金流入小计 | 29 | | |
| 偿还债务支付的现金 | 30 | | |
| 分配股利、利润或偿付利息支付的现金 | 31 | | |
| 支付其他与筹资活动有关的现金 | 32 | | |
| 筹资活动现金流出小计 | 33 | | |
| 筹资活动产生的现金流量净额 | 34 | | |
| 四、汇率变动对现金的影响 | 35 | | |
| 五、现金及现金等价物净增加额 | 36 | | |
| 加：期初现金及现金等价物余额 | 37 | | |
| 六、期末现金及现金等价物余额 | 38 | | |

业务 125-4

# 所有者权益(股东权益)变动表

会企 04 表

填报单位：　　　　　　　　　　　　____年____月　　　　　　　　　　　　单位：元

| 项目 | 本年金额 | | | | | | | | | | 上年金额 | | | | | | | | | |
|---|---|---|---|---|---|---|---|---|---|---|---|---|---|---|---|---|---|---|---|---|
| | 实收资本(或股本) | 其他权益工具 | | | 资本公积 | 减：库存股 | 其他综合收益 | 盈余公积 | 未分配利润 | 所有者权益合计 | 实收资本(或股本) | 其他权益工具 | | | 资本公积 | 减：库存股 | 其他综合收益 | 盈余公积 | 未分配利润 | 所有者权益合计 |
| | | 优先股 | 永续债 | 其他 | | | | | | | | 优先股 | 永续债 | 其他 | | | | | | |
| 一、上年年末余额 | | | | | | | | | | | | | | | | | | | | |
| 加：会计政策变更 | | | | | | | | | | | | | | | | | | | | |
| 前期差错更正 | | | | | | | | | | | | | | | | | | | | |
| 其他 | | | | | | | | | | | | | | | | | | | | |
| 二、本年年初余额 | | | | | | | | | | | | | | | | | | | | |
| 三、本年增减变动金额(减少以“—”号填列) | | | | | | | | | | | | | | | | | | | | |
| (一) 综合收益总额 | | | | | | | | | | | | | | | | | | | | |
| (二) 所有者投入和减少资本 | | | | | | | | | | | | | | | | | | | | |
| 1. 所有者投入的普通股 | | | | | | | | | | | | | | | | | | | | |
| 2. 其他权益工具持有者投入资本 | | | | | | | | | | | | | | | | | | | | |
| 3. 股份支付计入所有者权益的金额 | | | | | | | | | | | | | | | | | | | | |
| 4. 其他 | | | | | | | | | | | | | | | | | | | | |
| (三) 利润分配 | | | | | | | | | | | | | | | | | | | | |
| 1. 提取盈余公积 | | | | | | | | | | | | | | | | | | | | |
| 2. 对所有者(或股东)的分配 | | | | | | | | | | | | | | | | | | | | |
| 3. 其他 | | | | | | | | | | | | | | | | | | | | |
| (四) 所有者权益内部结转 | | | | | | | | | | | | | | | | | | | | |
| 1. 资本公积转增资本(或股本) | | | | | | | | | | | | | | | | | | | | |
| 2. 盈余公积转增资本(或股本) | | | | | | | | | | | | | | | | | | | | |
| 3. 盈余公积弥补亏损 | | | | | | | | | | | | | | | | | | | | |
| 4. 设定受益计划变动额结转留存收益 | | | | | | | | | | | | | | | | | | | | |
| 5. 其他综合收益结转留存收益 | | | | | | | | | | | | | | | | | | | | |
| 6. 其他 | | | | | | | | | | | | | | | | | | | | |
| 四、本年年末余额 | | | | | | | | | | | | | | | | | | | | |